# 中国特色减贫道路的
# 世界意义研究

许峰　等◎著

当代世界出版社
THE CONTEMPORARY WORLD PRESS

**图书在版编目（CIP）数据**

中国特色减贫道路的世界意义研究／许峰等著.

北京：当代世界出版社，2024.12. -- ISBN 978-7
-5090-1869-9

Ⅰ. F126

中国国家版本馆 CIP 数据核字第 20247PC898 号

书　　名：中国特色减贫道路的世界意义研究
作　　者：许峰 等著
出 品 人：李双伍
策划编辑：刘娟娟
责任编辑：刘娟娟　徐嘉璐
出版发行：当代世界出版社
地　　址：北京市东城区地安门东大街 70-9 号
邮　　编：100009
邮　　箱：ddsjchubanshe@163.com
编务电话：(010) 83907528
　　　　　(010) 83908410 转 804
发行电话：(010) 83908410 转 812
传　　真：(010) 83908410 转 806
经　　销：新华书店
印　　刷：北京新华印刷有限公司
开　　本：710 毫米×1000 毫米　1/16
印　　张：10
字　　数：135 千字
版　　次：2024 年 12 月第 1 版
印　　次：2024 年 12 月第 1 次
书　　号：ISBN 978-7-5090-1869-9
定　　价：68.00 元

# 目　录

# 第一章 中国特色减贫道路的历史进程与成效经验

中国特色减贫道路是指新中国成立以来，特别是改革开放以来，中国共产党领导人民立足国情，把握减贫规律，根据不同阶段贫困治理的目标任务，不断创新减贫方式方法，科学制定并实施减贫策略，探索出的一条成功的减贫道路。中国特色减贫道路是中国特色社会主义道路的重要组成部分，也是中国减贫事业取得历史性成就的根本保证。2021年2月25日，习近平总书记在全国脱贫攻坚总结表彰大会上指出："我们立足我国国情，把握减贫规律，出台一系列超常规政策举措，构建了一整套行之有效的政策体系、工作体系、制度体系，走出了一条中国特色减贫道路，形成了中国特色反贫困理论。"① 具体来看，中国特色减贫道路主要包含以下几方面的要素：党的领导、以人民为中心的发展思想、社会主义制度优势、人民群众自身的内在动力、扶危济困的社会氛围等，其内涵特别丰富，特征十分鲜明。中国特色减贫道路凝结着我们这个伟大民族的非凡减贫智慧，同时对人类减贫事业和构建人类命运共同体具有十分重要的价值。

---

① 习近平：《在全国脱贫攻坚总结表彰大会上的讲话》，载《人民日报》，2021年2月26日，第2版。

## 第一节　中国特色减贫道路的历史进程

新中国成立 75 年来，中国特色减贫道路主要经历四个阶段，每个阶段都有其独特的内容和特点。

### 一、初步探索阶段（1949—1977 年）

新中国成立前，中国是世界各国中发展水平最低的国家之一。毛泽东在《中国革命和中国共产党》一文中指出："由于帝国主义和封建主义的双重压迫，特别是由于日本帝国主义的大举进攻，中国的广大人民，尤其是农民，日益贫困化以至于大批地破产，他们过着饥寒交迫和毫无政治权利的生活。中国人民的贫困和不自由的程度，是世界所少见的。"[①] 新中国的成立为中国的减贫事业奠定了根本政治前提。面对积贫积弱、满目疮痍的国家，中国共产党团结带领中国人民投入社会主义革命与建设，毅然选择了向贫困宣战。在社会主义革命和建设时期，全国农业生产水平低下，国家在农村的投入也有限，农村普遍存在贫困现象，大多数农村地区在粮食和衣物供应方面难以自给自足。以毛泽东同志为核心的党的第一代中央领导集体进行了大规模调研并积极探索贫困治理路径。毛泽东认为："全国大多数农民，为了摆脱贫困，改善生活，为了抵御灾荒，只有联合起来，向社会主义大道前进，才能达到目的。"[②] 新中国成立初期的土地改革废除了封建地主阶级的土地所有制，使农民获得了土地，解放了农村生产力，为解决贫困问题奠定了坚实的基础。三大改造完成标志着社会主义基本制度在中国确立，社会主义公有制的主体地位得以确立，我国社会经济结构发生了根本变化，为我国解决绝对贫困问题提供了制度保证。

在社会主义革命和建设时期，党和政府充分发挥社会主义制度优

[①] 毛泽东：《毛泽东选集》（第二卷），北京：人民出版社，1991 年版，第 631 页。
[②] 中共中央文献研究室编：《毛泽东文集》（第六卷），北京：人民出版社，1999 年版，第 429 页。

势，通过改善农村基础设施、推广农业技术、向农民提供各类服务等，逐渐提高我国农业抵御自然灾害的能力和农业综合生产力。农民则通过集体的力量，修建农田水利设施，提高粮食产量，生活水平得到明显提高。这一时期，我国贫困治理取得了显著成效，但由于当时党对什么是社会主义以及如何建设社会主义还缺乏科学认识，加上"左"的错误思想影响，这一时期我国的减贫之路十分坎坷。

## 二、接续推进阶段（1978—1985 年）

改革开放前，我国长期实行计划经济体制，推行重工业优先发展战略，大量农业剩余被用于支持城市经济建设和工业发展，农民普遍贫困。正如邓小平所言："农村人口占我国人口的百分之八十，农村不稳定，整个政治局势就不稳定，农民不逐步摆脱贫困，就是我国绝大多数人没有摆脱贫困。"[①] 党的十一届三中全会召开后，我国农村确立了家庭联产承包责任制，实施提高农产品价格、发展农村商品经济等配套改革，极大激发了农民的生产积极性，农业产量开始快速提高。这一时期，我国还实施了一系列帮扶贫困地区和贫困人口的政策，如：1980 年，国家设立支援经济不发达地区发展资金，重点支持革命老区、少数民族地区、边远地区、贫困地区的发展。1984 年 9 月，国务院发布《关于帮助贫困地区尽快改变面貌的通知》，要求各级党委和政府重点解决农村贫困地区发展缓慢的问题，采取十分积极的态度和切实可行的举措，帮助广大贫困地区及贫困人口摆脱贫困。通过进一步放宽政策，减轻负担、给予优惠，搞活商品流通、加速商品周转，增加智力投资，加强领导等方式，改变贫困地区面貌。与此同时，城镇工业的发展需要大批劳动力。为了促进经济发展，特别是乡镇企业的发展，1984 年 10 月，《国务院关于农民进入集镇落户问题的通知》出台，要求积极支持有经营能力和有技术专长的农民进入集镇经营工商

---

① 邓小平:《邓小平文选》(第三卷),北京:人民出版社,1993 年版,第 237 页。

业，并放宽其落户政策，统计为非农业人口。这标志着国家对劳动力流动的态度由限制转向积极支持。一系列经济体制改革举措解放和发展了生产力，短时间内极大地惠及了广大农村贫困人口。我国农村贫困人口从 1978 年年末的 2.5 亿人减少到 1985 年年末的 1.25 亿人；农村贫困发生率从 1978 年年末的 30.7% 下降到 1985 年年末的 14.8%。[①] 为了更好地解决区域性整体贫困问题，我国还于 1982 年启动了以农业开发方式解决区域性极端贫困的"三西"地区（甘肃省定西市、河西地区和宁夏回族自治区西海固地区）农业建设项目，设立"三西"地区农业建设专项补助资金。"三西"地区建设成果在中国扶贫史上具有重要意义，开创了中国区域性扶贫开发的先河，为之后有计划、有组织、大规模的全国性扶贫开发积累了宝贵经验。

## 三、快速发展阶段（1986—2012 年）

到 20 世纪 80 年代中期，中国仍然有大量农村人口没有解决温饱问题，这些人口主要分布在东、中、西部 18 个贫困地区，尤其是革命老区、少数民族地区、边远地区和欠发达地区，农村改革的溢出效应开始下降，农民收入的增幅减缓，收入差距开始扩大。为解决这些特殊地区的贫困和发展问题，我国于 1986 年成立国务院贫困地区经济开发领导小组（1993 年改为国务院扶贫开发领导小组），并下设办公室（以下简称"国务院扶贫办"），还确定了 14 个集中连片贫困地区和 331 个国家重点扶持贫困县，公布了农村居民年人均可支配收入 206 元的国家贫困标准。我国开始对传统救济式扶贫进行彻底改革，设置专项资金、制定专门的优惠政策，目的是变"输血"为"造血"，变救济为开发，提高贫困人口的自我发展能力。

1994 年，国务院颁布《国家八七扶贫攻坚计划（1994—2000 年）》，

---

① 《扶贫开发持续强力推进 脱贫攻坚取得历史性重大成就——新中国成立 70 周年经济社会发展成就系列报告之十五》，https://www.gov.cn/xinwen/2019-08/12/content_5420656.htm。

目标是在 20 世纪的最后 7 年，集中人力、物力、财力基本解决全国农村 8000 万贫困人口的温饱问题。这是我国历史上第一个具有明确目标、对象、措施和完成期限的扶贫计划。计划颁布后，政府扶贫资源逐渐向贫困县和贫困村倾斜，并重新设置了贫困标准。到 2000 年，中国基本完成了《国家八七扶贫攻坚计划（1994—2000 年）》目标，尚未解决温饱问题的贫困人口由 1985 年的 1.25 亿减少到 2000 年的 3200 万。[①] 这一时期，中国的扶贫开发工作经历了深刻变化，扶贫工作从一般的社会救助事业中脱离出来，成为相对独立、有组织、有计划的社会系统工程；扶贫政策由道义性扶贫向制度性、专项扶贫转变，由救济式扶贫向开发式扶贫转变。

在完成《国家八七扶贫攻坚计划（1994—2000 年）》目标的基础上，国务院印发《中国农村扶贫开发纲要（2001—2010 年）》。此阶段是中国扶贫历史进程中的重要转折期。为了实现阶段扶贫开发目标，我国出台了大量扶贫开发举措，实施"一体两翼"减贫战略（以整村推进为"一体"，以产业发展、劳动力转移为"两翼"），改善贫困地区生产条件和贫困农户的生活条件，推动贫困村整体脱贫；推动异地扶贫搬迁，在政府的帮助下，把那些生活在不具备生存条件地区的贫困人口迁移到其他条件更好的地区发展；2007 年，在农村全面推行农村最低生活保障制度，做到与扶贫开发有效衔接，实现"双轮驱动"促脱贫。到 2010 年年底，《中国农村扶贫开发纲要（2001—2010年）》确定的目标和任务已全面完成。从 2001 年至 2012 年，贫困人口的温饱问题得到了较好解决，区域和城乡收入差距不断扩大的趋势在一定程度上得到遏制。2011 年 12 月，中共中央、国务院印发了《中国农村扶贫开发纲要（2011—2020 年）》，提出把连片特困地区共 832 个县作为扶贫开发主战场，主要策略是开发式扶贫和扶贫到村到户，以此进一步加快贫困地区发展。

---

① 《中国的农村扶贫开发》，https://www.gov.cn/zhengce/2005-05-26/content_2615719.htm。

## 四、发展成熟阶段（2013—2021 年）

经过前期的不懈努力，我国的贫困人口数量迅速减少，但剩余贫困地区和贫困人口的致贫原因复杂，减贫难度极大，都是"难啃的硬骨头"。到 2012 年年底，全国仍有近 1 亿农村贫困人口尚未脱贫，消除绝对贫困依旧任重道远。

党的十八大以来，以习近平同志为核心的党中央把脱贫攻坚摆在治国理政的突出位置。2012 年年底，习近平总书记在河北省阜平县考察扶贫开发工作时提出，"三农"工作是重中之重，革命老区、民族地区、边疆地区、贫困地区在"三农"工作中要把扶贫开发作为重中之重；对各类困难群众，我们要格外关注、格外关爱、格外关心；深入推进扶贫开发，帮助困难群众特别是革命老区、贫困山区困难群众早日脱贫致富。2013 年 11 月，习近平总书记赴湖南省十八洞村考察时提出精准扶贫的重要理念，强调扶贫要实事求是、因地制宜。要精准扶贫，切忌喊口号，也不要定好高骛远的目标。此后，习近平总书记就精准扶贫作出了一系列重要论述，提出"六个精准"和"五个一批"，回答了"扶持谁、谁来扶、怎么扶、如何退"等一系列关键问题，为打赢脱贫攻坚战提供了制胜法宝。2014—2015 年，完成了对全国所有贫困县、贫困村和贫困人口的精准识别和建档立卡任务，为打赢脱贫攻坚战奠定了坚实基础。2015 年 11 月，《中共中央、国务院关于打赢脱贫攻坚战的决定》颁布，提出党和政府要重视扶贫开发工作，创新扶贫开发工作方法，坚持区域整体扶贫和个人精准扶贫相结合，并与经济社会发展相互促进，全力打赢脱贫攻坚战。党的十九大报告提出，确保到 2020 年我国现行标准下农村贫困人口全部脱贫，贫困县全部摘帽，解决区域性整体贫困，做到脱真贫、真脱贫。经过 8 年的努力，到 2020 年年底，我国如期实现了现行标准下农村贫困人口全部脱贫，贫困县全部摘帽，在华夏大地上消除了绝对贫困和区域性整体贫困。2021 年 2 月 25 日，习近平总书记在全国脱贫攻坚总结表彰大会上向全世界宣告，我国完成了消除绝对贫困的艰巨任务，创造了又一个彪炳史册的人间奇迹。

消除绝对贫困后，我国贫困治理的工作重心转移到了相对贫困治理，工作方式由超常规的集中攻坚战逐渐转变为常态化推进。在这一过程中也遇到了新的难题，如脱贫攻坚与乡村振兴衔接问题、基层制度创新不足、扶贫产业升级存在障碍、乡村振兴人才短缺、农村社会保障建设不足等，这仍需要在实践中不断探索与发展。

## 第二节　中国特色减贫道路的伟大成就

改革开放40余年来，特别是党的十八大以来，中国共产党实施精准扶贫、精准脱贫基本方略，中国减贫事业取得决定性成就，实现了千百年来中国人民摆脱贫困的梦想。过去40多年来，按照世界银行每人每天1.9美元的全球绝对贫困标准衡量，中国的贫困人口减少了近8亿，贡献了同期全球减贫人数的近四分之三；按照现行中国贫困标准计算，同期中国农村贫困人口减少了7.7亿。

### 一、消除了现行标准下的绝对贫困

改革开放以来，中国在持续减少贫困人口方面取得了重大进步。世界银行数据显示，中国按照国家贫困标准划分的贫困人口比例，已经从2010年的17.2%持续下降到2020年的0，表明按照现行贫困标准，中国已经消除了绝对贫困。从中共十八大到2020年年底，现行标准下9899万农村贫困人口全部脱贫，832个贫困县全部摘帽，12.8万个贫困村全部出列，区域性整体贫困得到解决，并制定了针对潜在脆弱性贫困户和处于贫困边缘贫困户的监测和保障措施，脱贫地区整体面貌发生历史性巨变，脱贫攻坚取得了决定性胜利。

## 二、贫困人口收入稳步提高

居民收入基本与经济发展保持同步，为决战决胜全面建成小康社会打下坚实基础。2021年，全国农民工人均月收入4432元，比上年增长8.8%；全年脱贫县农村居民人均可支配收入14 051元，比上年增长11.6%，扣除价格因素，实际增长10.8%；全年全国居民人均可支配收入35 128元，比上年增长9.1%，扣除价格因素，实际增长8.1%；全国居民人均可支配收入中位数29 975元，比上年增长8.8%。[①] 我国用了60年时间，实现了居民人均可支配收入跨万元大关，分别用5年时间，实现跨2万元与3万元大关，居民收入水平持续较快增长，不断迈向新台阶。[②] 居民收入和贫困人口收入的稳步提高，从根本上保障了我国减贫目标的实现。

## 三、公共服务明显改善

贫困地区居民的生活质量和基本公共服务水平不断提升，义务教育、基本医疗和住房安全有保障。贫困地区公共文化服务水平不断提高，截至2020年年底，中西部22个省份基层文化中心建设完成比例达到99.48%，基本实现村级文化设施全覆盖；贫困地区医疗条件显著改善，消除了乡、村两级医疗卫生机构和人员"空白点"，98%的贫困县至少有1所二级以上医院，贫困地区县级医院收治病种中位数达到全国县级医院整体水平的90%，贫困人口的常见病、慢性病基本能够就近获得及时诊治，越来越多的大病在县域内可以得到有效救治；综合保障体系逐步健全，贫困县农村低保标准全部超过国家扶贫标准，1936万贫困人口纳入农村低保或特困救助供养范围；6098万贫困人口

---

[①] 《中华人民共和国2021年国民经济和社会发展统计公报》，http://www.stats.gov.cn/xxgk/sjfb/zxfb2020/202202/t20220228_1827971.html。

[②] 方晓丹：《从居民收支看全面建成小康社会成就》，载《人民日报》，2020年7月27日，第10版。

参加了城乡居民基本养老保险，基本实现应保尽保。[①] 整体看来，中国贫困地区人口在生产生活、医疗保障、义务教育等方面有了全方位改观。

### 四、基础设施逐渐完善

我国在改变贫困人口生存状况时，格外关注基础设施建设，因为这关系着贫困地区和人口的发展条件和生活质量，是贫困地区稳定脱贫及不再返贫的重要保障。我国贫困地区尤其是中西部地区，因受自身资源禀赋限制，交通、通信和安全用水等方面较为落后，存在出行难、用电难、用水难、通信难等问题，严重制约了这些地区的发展。党的十八大以来，党中央把基础设施建设作为脱贫攻坚基础工程，集中力量，加大投入，全力推进，补齐了贫困地区基础设施短板，推动了贫困地区经济社会快速发展。贫困地区整体基础设施条件得到极大改善，到2020年年底，凡是脱贫的贫困村，都实现了硬化公路、电力、通信网络的通达和基本医疗服务设施、教育设施、安全饮用水的覆盖，有些地区已经赶上甚至超过全国平均水平。

### 五、区域性整体贫困得到解决

中国农村贫困人口主要集中在中西部地区，区域性整体贫困主要分布于革命老区、边疆地区、民族地区，不少深度贫困地区在很大程度上是三区叠加。2013年，中共中央、国务院印发《关于创新机制扎实推进农村扶贫开发工作的意见》，确立了精准扶贫的工作机制，强调要将集中连片特殊困难地区作为扶贫的主战场。相比于个体贫困的治理，区域贫困治理面临基础设施落后、就业机会贫乏、市场适应不强、返贫率高等障碍。[②] 切实解决好区域性整体贫困问题，对于打赢脱贫攻

① 《〈人类减贫的中国实践〉白皮书》，https://www. gov. cn/zhengce/2021 - 04/06/content_5597952. htm。

② 雷望红、张丹丹：《区域性贫困治理的道路选择——国家、农民与市场关系的视角》，载《山西农业大学学报（社会科学版）》，2018年第5期，第3页。

坚战至关重要。自 1986 年实行大规模开发式扶贫以来，我国区域性整体贫困得到显著改善。2016 年，我国建立了贫困退出机制，逐年推动贫困县摘帽。到 2020 年年底，832 个贫困县全部摘帽，区域性整体贫困得到解决。

### 六、社会治理能力显著增强

社会治理能力随着贫困治理的深入而逐渐加强。实施农村经济体制改革，推进减贫战略、区域开发式扶贫战略、综合性扶贫攻坚战略、"一体两翼"减贫战略等，无不要求强有力的社会治理能力作为支撑。打赢脱贫攻坚战的有效途径之一是广泛动员社会参与，统筹好社会各界力量参与贫困治理。党的十八大以来，通过建档立卡精准识别贫困人口，采取有针对性的、行之有效的扶贫政策，让贫困人口共享发展成果，在脱贫攻坚的丰富实践中不断调节社会关系、规范社会行为。在这场轰轰烈烈的社会实践中，高强度和大规模的贫困治理工作不仅锻炼了干部的能力和素质，还丰富和发展了农村治理经验，增强了农村治理能力，形成了多系统分工协作、齐抓共管的治理体系和治理能力，对于解决农村复杂的社会问题，特别是建立长效社会治理机制具有重要意义。

## 第三节　中国特色减贫道路的宝贵经验

中国历史性地解决了延续数千年的绝对贫困问题，提前 10 年实现《联合国 2030 年可持续发展议程》中关于消除绝对贫困的减贫目标。总结中国贫困治理的经验既能够为进一步解决相对贫困的问题提供思路，又能够为推动国际减贫事业提供借鉴与参考。

## 一、坚持以发展经济为首要的减贫路径

### （一）以经济发展带动就业、增收和减贫

根据学界的研究，经济增长对减贫的促进作用主要表现在两个方面：第一，经济发展为贫困人口提供了更多和更好的就业和创收机会；第二，经济发展带来政府财政收入的增加，使政府更有能力去帮助贫困人口。第一个方面是经济增长对减贫的直接效应，第二个方面是经济增长对减贫的间接效应。[①] 一国经济增长越快，在政府正确的政策引导下带来的社会受益面总体上就越广，低收入阶层获得的收益相对就越多。经济增长与贫困之间最重要的联系之一是就业，经济增长会释放更多就业岗位，因此，保证一定的经济增长率有利于保证一定的就业率。据测算，国内生产总值每增长 1 个百分点就能带动 200 万左右的新增就业。[②] 按照 1978 年的可比价格计算，中国的国内生产总值从 1978 年的 3678.7 亿元快速增加到 2020 年的 101.4 万亿元，年均增长 9% 以上。与此同时，随着国内生产总值的增长，贫困发生率明显降低，且二者变化速度接近。按具体阶段来看，1978—1985 年，人均国内生产总值年均增长 8.33%，贫困人口年均减少 1563 万；1986—2012 年，人均国内生产总值年均增长 8.9%，贫困人口年均减少 2082 万；2013—2018 年，人均国内生产总值年均增长 6.6%，贫困人口年均减少 1373 万。脱贫攻坚以来，建档立卡贫困户的劳动力仍然主要依靠市场化方式就业，只有那些自主就业困难的劳动力才依靠产业扶贫和就业扶贫方式。[③]

---

[①]　汪三贵：《在发展中战胜贫困：对中国 30 年大规模减贫经验的总结与评价》，载《管理世界》，2008 年第 11 期，第 81 页。

[②]　《中国经济：长期有基础　短期有支撑》，https://www.gov.cn/xinwen/2019-11/15/content_5452208.htm。

[③]　魏后凯、王镭：《中国减贫：成就、经验和国际合作》，北京：社会科学文献出版社，2021 年版，第 25—26 页。

### （二） 以区域发展促进贫困地区减贫

以区域发展带动减贫，以减贫促进区域发展。长久以来，中国的贫困人口主要集中于"老、少、边、穷"地区，自然环境恶劣、生态资源匮乏、地理位置偏远等"先天不足"的问题加剧了这些地区扶贫工作的长期性与艰巨性。区域开发式扶贫的主要目的就是通过促进贫困地区所在区域优先发展，从而带动大批贫困人口脱贫。针对我国贫困人口分布的区域性特征，我国先后提出并实施西部大开发、促进中部地区崛起等区域发展战略，加大与贫困地区减贫战略的对接，以增强对贫困落后地区的支持力度。自 1999 年以来，我国大力实施西部大开发战略，加强西部地区基础设施建设，加大产业和社会发展投资力度，支持贫困人口集中的西部地区发展，也为西部扶贫开发提供了基础性保障。《促进中部地区崛起规划》的出台完善了支持中部地区崛起的政策体系，建立了东部与中部扶贫合作机制，加强了东部与中部省区在劳动力转移就业、产业转移等农村扶贫方面的合作。党的十八大以来，随着国家区域发展战略与扶贫减贫的对接力度加强，以及国家对贫困地区政策扶持力度的不断加大，我国区域性整体贫困得到解决。

### （三） 以开发式扶贫政策推动贫困地区减贫

开发式扶贫是指，在国家必要支持下利用贫困地区的自然资源进行开发性生产建设和开展经营活动，逐步形成贫困地区和贫困户自我积累和发展能力，最终依靠自身力量实现脱贫致富。开发式扶贫有效解决了救济式扶贫带来的负面影响，更能从根本上激发人民群众脱贫的奋斗精神。单纯的政府救济只能解决一时之需，只能救急，无法解决根本问题，要真正实现脱贫致富，政府可以给予一定支持，但基点必须是自力更生。因此，中国在广大农村地区推广开发式扶贫政策。开发式扶贫重点解决贫困地区生产生活条件落后的问题，通过改善公共服务和基础设施来提高当地农业与非农业的生产效率，帮助贫困人口扬长避短、物尽其用、人尽其才，在当地自然、人文等特色资源中找到产业优势，把资源优势转化为经济优势和市场优势。开发式扶贫在推动贫困地区经济增长上起到了重要作用，同时减缓了东西部差距扩大的趋势。在精准扶贫阶段，中国仍然坚持以开发式扶贫作为基本减贫路径，在保障性扶贫措施变得更加完善、能够更好地满足贫困户实际需要的同时，在开发式扶贫方面出台了更多的针对性措施。

## 二、坚持以资金投入保障减贫效果

推动脱贫攻坚，无论是完善公共服务体系、加强基础设施建设还是改善人民群众生活水平，每一项都需要大量资金投入。长期以来，我国不断加大对减贫事业的资金投入，特别是持续增加财政扶贫资金，同时拓宽资金来源，充分动员各级政府增加扶贫资金投入。在减贫实践中，政府不断优化政策设计、转变资金投入方式，以提高其使用效率。在脱贫攻坚过程中，中国坚持政府投入的主体和主导作用，推动社会资金的有效利用，并充分发挥保险资金的作用，提高贫困人口的抗风险能力。

### （一）建立与减贫要求相匹配的财政投入体系

贫困地区的贫困程度不同，相应的资金投入也不一样。一是着重加大对贫困地区一般性转移支付的力度。分配财政资金时加大对贫困地区的倾斜，特别是对贫困发生率高、脱贫难度大的深度贫困地区，比如边疆地区、少数民族地区、高原海拔和高寒地区、中西部革命老区等。二是专项转移支付向农村地区及贫困人口倾斜，同时积极引导和鼓励贫困人口脱贫，实施志智双扶。三是加大财政专项扶贫资金投入，统筹整合使用涉农资金。根据中央统筹、省负总责、市县抓落实的工作机制，将统筹整合使用财政涉农资金的自主权完全下放给扶贫第一线，保证贫困人口有充足资金用于脱贫。与此同时，投入资金还要保险护航，保险扶贫已经成为政府解决因灾致贫、因病致贫的有效手段之一。各地大力发展农业保险、医疗补充再保险等方式，通过一系列的农业保险切实保护农民利益，撑起贫困群众的"保护网"。

## （二）加大金融扶贫力度

金融扶贫是贫困治理的重要举措。2001 年，中国人民银行印发《扶贫贴息贷款管理实施办法》，进一步完善了扶贫贴息贷款政策。之后，一系列与金融扶贫有关的政策陆续颁布。在 2015 年中央扶贫工作会议上，习近平总书记指出，要做好金融扶贫这篇文章，加快农村金融改革创新步伐。[①] 2016 年，中国人民银行等七部门联合印发了《关于金融助推脱贫攻坚的实施意见》，围绕精准扶贫、精准脱贫基本方略，提出全面改进和提升扶贫金融服务，增强扶贫金融服务的精准性和有效性。

## （三）推动资本市场参与脱贫攻坚

2018 年 2 月，习近平总书记在打好精准脱贫攻坚战座谈会上指出："发挥资本市场支持贫困地区发展作用，吸引社会资金广泛参与脱贫攻坚，形成脱贫攻坚资金多渠道、多样化投入。"[②] 比如对注册地和主要生产经营地均在贫困地区且符合相关条件的企业，或者注册地在贫困地区、最近 1 年在贫困地区缴纳所得税不低于 2000 万元且承诺上市后 3 年内不变更注册地的企业，申请首次公开发行股票并上市的，即报即审，审过即发。[③] 积极引导资本市场在贫困地区发挥作用，促进贫困地区资本流动，提升贫困地区资源配置效率，有利于激发贫困地区人民群众自我发展的动力，带活一方经济。

---

[①] 习近平：《脱贫攻坚战冲锋号已经吹响 全党全国咬定目标苦干实干》，载《人民日报》，2015 年 11 月 29 日，第 1 版。

[②] 习近平：《在打好精准脱贫攻坚战座谈会上的讲话》，载《求是》，2020 年第 9 期，第 8 页。

[③] 王亚华、舒全峰：《中国精准扶贫的政策过程与实践经验》，载《清华大学学报（哲学社会科学版）》，2021 年第 1 期，第 146 页。

### （四）确保扶贫资金用之于民

党的十八大以来，国家日益重视扶贫资金监管。为了让扶贫资金切实用之于民，中国逐步建立起扶贫资金的监管体系，做到监管"一盘棋"，实现财政、审计及行业扶贫部门的协调配合，通过建立会商、通报等制度，抓住重点领域和关键环节，有针对性地实施监管，督促责任落实。面对扶贫领域存在的不正之风，纪检机关切实肩负起监督职责，对于扶贫资金使用上的违纪现象采取零容忍态度，有效保障了扶贫资金用之于民。

### 三、坚持提高贫困地区和贫困人口的自我发展能力

减贫不仅要增加贫困人口的收入，还要提升贫困人口的自我发展能力。引发贫困的原因复杂多样，其中能力贫困是最重要的原因之一。贫困从外在表现看是物质匮乏，而本质是能力缺陷。物质上的贫困短期内可以通过外在帮助解决，而能力贫困的问题只能通过自我努力来解决。能力贫困将能力匮乏视为致贫的主要因素，形成了通过重建个人能力来实现减贫的新理念。减贫的着力点在于提升贫困人口的自我发展能力，激发其内生动力，通过"造血式"扶贫帮助其彻底摆脱贫困。

### （一）扶贫先扶智，治贫先治愚

习近平总书记指出："脱贫攻坚，群众动力是基础。必须坚持依靠人民群众，充分调动贫困群众积极性、主动性、创造性，坚持扶贫和扶志、扶智相结合。"[①] 要尊重贫困群众在摆脱贫困中的主体地位，发挥群众首创精神，不断激发贫困地区人民群众的内生动力，但现实中确实存在一些贫困群众消极被动的情况，一是长期陷于贫困状态让他

---

[①]　习近平：《在打好精准脱贫攻坚战座谈会上的讲话》，载《求是》，2020年第9期，第9页。

们失去信心，尤其是在深度贫困地区；二是贫困群众缺乏脱贫的必要经济条件和社会资本，承担市场风险能力弱；三是一些不合理的帮扶政策产生了负面影响，如过高的帮扶标准让一部分贫困人口滋生"等靠要"思想，或者提供帮扶的产业超出贫困群众能力，使他们难以参与其中。除此之外，贫困地区人口普遍受教育程度低，缺乏信息和技术也是其致贫的重要原因。因此，扶贫必须将"扶智"与"扶志"相结合，让贫困群众有信心、有能力通过自身努力脱贫致富。2018 年，国务院扶贫办、中央组织部等部门联合发布《关于开展扶贫扶志行动的意见》，以激发贫困群众内生动力为指导思想，提出了开展扶志教育、加强技能培训、强化典型示范、改进帮扶方式、推进移风易俗和强化基层党组织政治功能等重要举措。

### （二）改善贫困地区基础设施和基本公共服务

基础设施和基本公共服务不健全会限制贫困地区的发展空间，影响贫困人口自我发展的能力。因此，完善基础设施与基本公共服务对贫困地区脱贫致富至关重要。我国在基础设施建设力度和基本公共服务投入方面，向贫困人口集中的中西部地区倾斜，极大地改善了贫困地区的落后状况。实施精准扶贫、精准脱贫基本方略以来，国家对贫困地区基础设施建设和基本公共服务的投入大幅提升，基本实现了生存型公共服务全覆盖、发展型公共服务覆盖率不断上升，不仅使贫困地区自身发展的脆弱性大大下降，还提高了贫困人口的抗风险能力。

### （三）推进教育扶贫，阻断贫困代际相传

教育扶贫是阻断贫困代际相传的重要方式，主要通过加大对贫困地区和贫困人口的教育投入和教育资助服务力度，提高贫困人口知识技能，帮助其实现脱贫致富。教育扶贫作为解决贫困问题的"关键一招"，是一项治本之策。通过教育扶贫提高贫困人口中受教育群体的数量和质量，激发其发展积极性，培育其劳动技能，为贫困人口提供可

持续发展的平台和基础。推进教育扶贫的路径主要包括：一是面向农村地区实施"三大专项计划"（国家专项计划、地方专项计划、高校专项计划）。"三大专项计划"是主要面向农村和脱贫地区的重点高校招生专项计划，旨在增加农村贫困学子获得高等教育的机会，体现了农村扶贫政策的转变与创新。① 二是发展贫困地区的职业教育，提高贫困地区的人力资本，积极发挥市县职业教育对贫困村和贫困劳动力的辐射带动作用。三是加大对深度贫困地区的教育经费投入，扩大教育规模，让更多适龄儿童就学，阻断贫困代际相传。四是利用国家政策引进高质量的教师资源，助力贫困地区拔除"穷根"。

### （四）制定优惠政策，增强贫困地区和贫困人口的市场竞争力

除充分调动贫困地区人民群众的减贫积极性外，配置一系列必要的优惠政策对于提高贫困地区核心竞争力而言具有重要作用。我国政府通过提供各类优惠政策，使贫困地区获得特殊的发展条件，以减轻或者部分抵消其自然条件和发展条件落后带来的限制，比如生产方面的土地政策、减免农业税、出口政策、生产资料补贴，民生方面的住房补贴、就医补贴、助学补贴等。在强大的政策支持下，贫困地区人民群众逐渐提高了自我发展能力和市场竞争力。

### 四、坚持贫困治理创新

根据减贫形势和贫困特点不断试验和创新，持续调整和完善扶贫战略和贫困治理结构，不断优化贫困治理方式。

### （一）扶贫战略在发展中不断创新

中国扶贫战略在发展中不断创新主要体现在五个方面：第一，从

---

① 黄巨臣：《农村地区教育扶贫政策探究：创新、局限及对策——基于三大专项招生计划的分析》，载《贵州社会科学》，2017 年第 4 期，第 91 页。

不含具体扶贫目标的经济增长带来的自发减贫，向以开发式扶贫为代表的目标瞄准型减贫转变。第二，从救济性扶贫向开发式扶贫转变，并从 2007 年开始向社会保障扶贫与开发式扶贫相结合转变。第三，从扶持贫困片区向扶持贫困县继而向重点扶持贫困村转变，并在 2011 年开始转向贫困片区开发与扶贫进村到户相结合的战略。第四，从单一项目扶贫向综合扶贫转变。第五，从地区瞄准向精准扶贫转变。① 扶贫战略的创新使得扶贫政策更加适宜贫困人口的普遍性需求。

**（二）推动扶贫体制机制创新**

2013 年以来，《关于打赢脱贫攻坚战的决定》《关于创新机制扎实推进农村扶贫开发工作的意见》《建立精准扶贫工作机制实施方案》等一系列政策文件的出台有力推动了扶贫体制机制的创新，特别是《关于创新机制扎实推进农村扶贫开发工作的意见》对改进贫困县考核机制、建立精准扶贫工作机制、健全干部驻村帮扶机制、改革财政专项扶贫资金管理机制、完善金融服务机制、创新社会参与机制六大方面提出了新的要求。在减贫实践中，围绕精准扶贫落实机制的探索不断深入，有效促进了贫困农户全程参与、扶贫资源有效整合及各扶贫主体紧密协同，成为减贫成效的倍增器。可以说，中国特色减贫道路的发展过程就是扶贫机制不断创新的过程，这也充分体现了中国共产党贫困治理体系的不断完善及贫困治理能力的持续提升。

**（三）支持贫困群众探索创新扶贫方式方法**

人民群众是历史的创造者。支持贫困群众树立主体意识，注重发挥贫困群众的主动性和创造性，给予贫困群众充分尊重，才能发扬他们自力更生的精神，激发他们摆脱贫困的信心与决心。习近平总书记在 2015 年召开的中央扶贫开发工作会议上的讲话中指出："要尊重扶

---

① 魏后凯、王镭：《中国减贫：成就、经验和国际合作》，北京：社会科学文献出版社，2021 年版，第 30—31 页。

贫对象主体地位，各类扶贫项目和扶贫活动都要紧紧围绕贫困群众需求来进行，支持贫困群众探索创新扶贫方式方法。""要重视发挥广大基层干部群众的首创精神，支持他们积极探索，为他们创造八仙过海、各显神通的环境和条件。"① 积极引导贫困群众，让他们认识到靠辛勤劳动才能改变贫困落后面貌，并引导他们积极参与各种扶贫活动和项目，鼓励他们积极探索、大胆创新，催生出更多更有效且可推广的脱贫新办法和新模式。

---

① 中共中央文献研究室编:《习近平扶贫论述摘编》,北京:中央文献出版社,2018 年版,第 136 页。

# 第二章　中国特色减贫道路的国际比较

　　贫困是人类社会共同面对的难题，消除贫困是全人类的共同目标。为了更客观地把握各国贫困治理的实践，我们需要对世界上其他国家的贫困状况及减贫实践进行比较。由于西方国家和发展中国家在经济发展水平、人均收入、社会发展阶段等方面均存在诸多差异，贫困形成原因及贫困的特征也不尽相同，因而采取的贫困治理措施也各具特色，基于以上因素，本章将中国特色减贫道路与发达国家和发展中国家的减贫道路分别进行比较。

## 第一节　中国特色减贫道路与发达国家减贫道路的比较

　　发达国家亦称"已开发国家"或"先进国家"，指那些经济和社会发展水平、人民生活水平居于世界前列的国家，这类国家主要分布在北美、欧洲和东亚等地区。由于社会生产力水平和人均财富占有程度较高，发达国家建立了比较完善的社会保障制度，人民生活水平总体保持较高水准，但不可否认，不少发达国家依然存在着较为严重的贫困现象。

## 一、发达国家贫困问题的基本特征

分析发达国家贫困问题的特征，需从发达国家的整体贫困状况来考察，自然条件、经济发展水平、历史因素、文化传统等方面的差异致使发达国家的贫困问题有其自身特征。

### （一）发达国家贫困问题主要为相对贫困

世界各国判断贫困的标准大致可分绝对贫困与相对贫困两大类。绝对贫困可以理解为生存贫困，即在一定的社会生产方式和生活条件下，个人和家庭的合法收入不能维持基本生存需要；相对贫困指个人和家庭的合法收入虽能维持基本生存需要，但无法满足在当地被认为是最基本的其他生活需要。大部分发达国家和地区采用相对贫困标准，但由于制定和测算方法有所区别，又大体分为两类：一是以美国、澳大利亚等为代表的基于需求测算但具有相对贫困特点的绝对构造法，其算法复杂但逻辑简单，需求测算以食品支出为基础，再加上其他生活必需品开支；二是以经济合作与发展组织（以下简称"经合组织"）、欧盟等为代表的基于家庭收入中位数或平均数的收入比例法，这一测算方法将一个国家或地区平均收入乘以一个系数，可反映收入分配的平均状况。经合组织、欧盟分别采用收入中位数的50%、60%作为贫困标准。事实上，就贫困人口的生活水平而言，发达国家远超发展中国家，且从整体上看，发达国家较少存在威胁基本生存意义上的绝对贫困问题。

### （二）发达国家贫困人口规模相对较小

从贫困现象存在的范围来看，发达国家贫困发生范围较小，贫困人口规模不是很大，一般没有大面积的贫困现象，而是呈现局部和区域性贫困的特点。"现代美国贫困和印度或西西里岛的贫困最显著的区别是，在美国穷人可以从大多数人中明确地区分开来。在印度，你不必努力去寻找穷人，他们一向到处都是。在美国，穷人是极少数，不容易被富裕的大多数人注意到。"① 这一描述生动展示出西方发达国家和发展中国家在贫困人口规模与总量上的区别。美国社会的贫困问题主要与收入、教育、医疗、居住地、就业和少数族裔等因素相关。美国人口普查局的数据显示，非洲裔美国人的贫困率从 2019 年的 18.8%升至 2020 年的 19.5%，升幅在被调查的各族裔中最高。2019 年，美国贫困人口约为 4800 万，占人口总数的 14.5%。在新冠疫情、通货膨胀、一些重要的政府福利项目终结等因素影响下，2022 年，贫困人口增至美国人口总数的 12.4%。② 在欧洲，贫困率总体低于美国。意大利 2018 年贫困人口比例为 8.4%，而欧盟的平均水平为 6.2%。按百分比计算，意大利的贫困率接近斯洛伐克、克罗地亚和匈牙利。"以英国为例，该国就业与养老金部数据显示，截至 2020 年 3 月，有超过 1450万人生活在贫困线下。伦敦和其他城市动辄为免费食物排起的长队或许可以直观地说明这一点。"③

### （三）发达国家贫困人口主要分布在城市

从贫困人口分布上看，西方发达国家的贫困人口主要分布在城市，这与失业状况紧密相关。在人口流动比较普遍的情况下，贫困人口更加倾向于去城市寻找工作或获得救助的机会。发达国家的贫困人口主要是城市低收入者，有相当一部分人入不敷出，相当一部分贫困家庭支付不起每月房租、水电煤气等费用，还有一部分是无家可归者，主要分散在城市的特定区域，比如一些城市街头或贫民窟。据报道，法国约有 410 万人居住在条件恶劣的住房中，相当于法国人口总数的6%。具体而言，大约 100 万人没有固定住所，包括流落街头、住在旅

---

① 聂亚珍：《湖北省农村贫困与反贫困研究之一——湖北省农村贫困的现状及原因》，载《湖北师范学院学报》,2005 年第 25 卷第 3 期,第 91 页。

② 巴晓津：《无家可归者是美国贫困问题的缩影》，载《光明日报》,2024 年 4 月 28 日,第 8 版。

③ 阿绍卡·莫迪：《整个欧洲都在坠入深渊》，载《参考消息》,2021 年 10 月 28 日。

馆或与他人同住；大约 300 万人居住在缺乏舒适度或过度拥挤的住所中；大约 1200 万人属于"住房弱势群体"，比如无法支付房租的租户、无力支付能源费用的人士，或将过多收入用于住房的人。① 在发达国家，农村贫困只是作为与老年贫困、妇女贫困、失业贫困等并列的一种贫困类型。比如在美国，黑人和拉美裔人聚集区的贫困人口比例较高，居住隔离使贫困的黑人生活在破旧老城区，少量贫困人口居住在农村地区，还有一些城市如底特律、克利夫兰、费城的贫困发生率比较高，游民最多的城市有加州弗雷斯诺、旧金山、纽约、华盛顿和檀香山等地。

## 二、发达国家减贫实践的历史图景——以美国为例

美国作为当今世界上唯一的超级大国，其人口只占世界人口总量的 5%，却拥有全球 30% 的财富，美国的市场经济非常发达，包括国内生产总值、科技创新能力、高等教育等在内的多个重要指标均居世界首位。2021 年，面对世纪疫情的严重冲击，美国经济总量仍达 23.3 万亿美元。尽管如此，美国社会依然面临贫困的挑战，由贫困问题引发的社会动荡和失序现象也受到国际社会普遍关注。美国贫困治理历史进程大致可划分为四个阶段。

### (一) 救济式扶贫阶段 (20 世纪 30 年代前)

第一次工业革命后，资本主义国家普遍将亚当·斯密提出的自由放任的经济政策奉为圭臬，主张政府要减少干预，发挥"看不见的手"的作用。美国政府亦如此，在反贫困行动方面实际上保持了一种冷漠状态。另外，美国是多种族的移民国家，种族歧视问题根深蒂固，美国黑人贫困率长期居高不下。当时，"在南部各州，种族隔离还严格限制黑人的职业选择范围。比如，佐治亚州的亚特兰大市的法律禁止黑

---

① 来米:《法国人口逾 1/7 陷于贫困状态》，载《欧洲时报》，2022 年 2 月 16 日。

人理发师给白人理发，以防止他们与白人理发师竞争。"①

美国深受自由放任主义和社会达尔文主义的影响，个人至上理念极为盛行，强调个人奋斗、实力竞争、适者生存，并根深蒂固地认为贫穷是个人无能、懒惰所致。在这一阶段，美国社会更加习惯从个体道德层面考察和看待贫困问题，反贫困行动主要依赖慈善家的救济。

**（二）由救济式扶贫转向贫困治理阶段（20 世纪 30 年代至 20 世纪 60 年代）**

自 19 世纪中后期以来，西方国家开始建设并不断完善社会保障体系，但直到 20 世纪 30 年代，美国是唯一一个没有建立任何国家社会保障体系的现代工业国家。1929—1933 年经济大萧条给美国经济社会发展造成极大破坏，大萧条时期，美国失业人数最高达 1700 万，暴露了自由资本主义制度的严重问题。罗斯福政府为了解决企业破产、失业率高、人民生活贫困等问题，依据凯恩斯主义的有效需求理论，推出"罗斯福新政"。他签署了《联邦紧急救济法》，成立联邦紧急救济署，建立公共工程局，拨款 33 亿美元开展大规模公共工程建设。在"罗斯福新政"后期，针对广大工人要求改革、不断罢工的局势，联邦政府通过了《全国劳工关系法》，1935 年 8 月，国会通过了《社会保障法》，针对老年人、残疾人建立了联邦社保基金，推出了如社会救济托底、设置最低工资标准和建设社会保障体系等一系列具有减贫性质的改革措施。

1944 年 4 月，第二次世界大战接近尾声时，杜鲁门政府开始面对从战时经济向和平经济过渡带来的问题，大量美国军人在短期内复员，美国国内的就业问题变得十分严峻。此时的贫困主体主要是复员军人中的失业者。"美军总人数从 1945 年 6 月的 1212 万骤然减少到 1946

---

① 赵鸭桥等：《世界典型国家减贫实践与启示》，北京：科学出版社，2020 年版，第 30 页。

年 6 月的 303 万、1947 年 6 月的 158 万。"① 短短两年的时间，复员军人高达千万。杜鲁门在社会福利问题上延续并进一步完善了罗斯福时期的福利政策，提出了公平施政纲领，在安置退伍军人、解决住房问题、完善社会保障立法、扩大社会保障范围等方面取得了积极进展。到了 1953 年，艾森豪威尔继续推行原有的社会保障政策。总体而言，以上三任总统的反贫困行动始终在《社会保障法》的基本框架内进行。这一时期，美国对贫困治理的认识发生较大变化，治理的主体由地方政府、民间组织转向了联邦政府，贫困问题也不再仅仅是个人的问题，而成为结构性和制度性的问题。

### （三）福利扩张阶段（20 世纪 60 年代至 20 世纪 90 年代）

二战后，美国经济进入迅猛发展期，其国民生产总值实现快速增长，美国人的生活水平也随之迅速提高，整个国家步入了一个日益繁荣的新时期。在很多人看来，美国当时的确是一个丰裕社会。但在其丰裕、繁荣的背后却深藏着危机，"另一个美国"现象随之出现。1952 年到 1962 年左右，美国贫困家庭收入在全国家庭收入中的占比下降了 0.4 个百分点，而富人却增加了 1 个百分点，贫富差距扩大了 1.4 个百分点。② 从这一组数据中可以发现，穷人相比富人而言，越来越贫困了。当时，大约有 4000 万到 5000 万人生活在贫困之中，占总人口的 20% 到 25%。这些贫困人口大多分布在城市特定区域，主要是黑人、妇女、老年人等弱势群体。由于美国经济实力空前提升，为救济贫困人口提供了经济支撑，从那时起，美国开始走上福利扩张的减贫之路。肯尼迪政府主要采取了扩大社会保障服务的反贫困战略，其继任者约翰逊延续了肯尼迪的减贫政策，1964 年 1 月，约翰逊在国情咨文中提出"无条件向贫困宣战"，这引发了美国历史上最大规模、最

---

① The United States Bureau of the Census, "Historical Statistics of the United States：Colonial Times to 1970", 1976, p. 1116.

② Margaret S. Gordon, *Poverty in America*, Chandler Publishing Company, 1965, p. 117.

为全面的减贫运动。

提供和创造机会成为美国政府减贫实践的核心举措。1964 年 8 月，美国国会通过了《经济机会法案》，这是美国历史上第一次通过有关贫困治理的法案，设立全国性反贫困主管机构——经济机会办公室，并制定贫困治理纲领，其设计逻辑始终遵循贫困地区居民"最大可行参与"的原则，强调人们只有投身工作才能消除贫困，通过赋权方式提升穷人境遇。约翰逊指出："我们不是要通过保护让贫民更安全地蜷缩在角落里，而是希望通过鼓励让他们跳出角落为希望和未来不懈奋斗"，"我们要给被我们遗忘的五分之一的人民提供机会，而不是救济"。① 主要做法是：一方面，从贫困居民个体的内在因素出发，设置各种类型的教育培训项目，提升贫困居民的工作能力，增加贫困居民的就业机会，如为低收入家庭的儿童提供学前教育等；另一方面，通过改善贫困居民家庭环境、社区环境，让他们参与社区的各类减贫项目，如"社区行动机构"，让更多贫困人口感受到温暖和尊严，增强自信。

扩大社会福利是美国政府减贫实践的重要举措。1962 年，《福利修正案》规定，联邦政府承担其中 70% 的费用，该修正案的目的在于集中力量，以比之前更少的花费，减少贫困人口的数量。这一举措在反贫困斗争中取得较为明显的效果，但也造成了大量的浪费，反贫困资金的 75% 被用在了非穷人身上。② 一方面，这加剧了社会贫富分化；另一方面，这导致了美国贫困问题的恶性循环，贫困人口对美国福利开支"养成过度依赖，它在麻痹人们而不是激励人们"③，宽松的福利政策让越来越多的人成为穷人。为了领取政府发放的未成年人家庭补贴，一些贫困家庭的少女在中学甚至小学就怀孕生子，使美国社会私

---

① David Zwick, *The War on Poverty: Lyndon Johnson's Campaign Against Deprivation in America*, The University of Alabama Press, 1988, p.49.

② Michael B. Katz, *In the Shadow of the Poorhouse*, Basic Books, 1986, p.267.

③ 同①。

生子数量及单亲家庭数量增多，引发了一系列复杂的社会问题。

到了 1976 年，美国政府社会保障支出已达到美国国民生产总值的五分之一。尼克松之后的多任总统都对美国的社会福利制度进行了调整和改革。比如，里根政府意识到高福利制度的消极影响，决定改革社会保障政策，削减对社会保障的投入，但由于人们已形成福利惯性，此举甚至导致 1982 年 10 月旧金山爆发大规模劳工示威。

### （四）福利制度改革阶段（20 世纪 90 年代至今）

福利制度的负激励作用日渐明显，改革福利制度的呼声也随之高涨。1996 年的一项民意调查显示，70% 以上的美国人反对政府在社会保障上花更多的钱。1996 年，克林顿提出，必须"终结我们熟知的福利制度"，之后颁布了对美国福利制度改革影响深远的《个人责任和工作机会协调法案》，该法案体现了"无责任即无权利"的社会救助理念，重新定义了工作与福利之间的关系，成为美国通过福利制度治理贫困的转折点。该法案首次对有无劳动能力人口加以区分，将救济由之前无限制的终身福利转变为有限制的临时福利，并对具有劳动能力的贫困人口作出规定：一个人一生最多可以享受 5 年的政府补助，并且要在领到补助后 2 年内再就业，否则将会减少补助甚至取消资格。2002 年，布什政府提出了第二阶段深化福利制度改革的方案——《为自立而工作法案》，对克林顿时期的《个人责任和工作机会协调法案》进行修改和补充，其目的主要是减轻政府的财政负担，同时激励有劳动能力的贫困人口自主劳动和就业，以免社会福利变为影响贫困人口工作积极性的障碍，其政策重点放在帮助失业者再就业方面，鼓励贫困者通过工作求得自立。

21 世纪初，随着美国经济快速发展，贫困问题得到一定程度的缓解，但 2008 年次贷危机爆发后，美国各个产业受到严重冲击和影响，失业人口数量激增，贫困率持续增加。根据美国人口普查局发布的报告，2009 年，美国贫困人口有 4360 万人，依然有许多美国公民面临饥饿威胁，这一数字还意味着，每 7 个美国人中就有 1 个人属于贫困人口，可以说，美国底层民众生活还相当窘迫。

近些年，美国贫困治理的福利政策进一步调整，开始由社区产业发展逐步调整到城乡发展资源均等化、参与式社区治理、农业信息化和移民发展能力培育等领域。如出台《高技能移民法案》，提升移民的就业能力，减少移民贫困发生率，促进移民的社会融入和未来发展。2017 年，特朗普政府出台减少联邦政府福利开支的系列政策，缩减甚至取消食品券、儿童补助等各类福利项目，同时对公司和富人进行大规模减税，这些举措进一步加剧了美国社会的贫富差距和贫困问题。特别是在疫情冲击下，美国贫困率从 2020 年 6 月的 9.3% 上升到 11 月 11.7%。作为世界上最大的粮食生产国和出口国的美国，在 2020 年，至少有 5000 万人生活在饥饿中，这意味着有六分之一的美国人（其中有四分之一是儿童）面临食物匮乏问题。[①] 当前，美国仍是全球 20 个最富裕国家中贫富分化最严重的国家之一。

**三、中美减贫道路的差异性分析**

本部分将从减贫理念、政策体系、资源投入、实际效果四个方面对中美两国减贫道路进行比较分析。

**（一）从减贫理念上分析**

任何一条减贫道路都是基于相应的减贫理念形成的，中美两国减贫道路的差异反映了两国减贫理念的不同。如前所述，美国的减贫行动始终在公平与效率间徘徊，说到底还是资本至上理念作用下的必然结果。总体上，美国减贫的基本理念建立在信仰市场、重视效率上。在他们看来，市场不仅可以实现有效的资源配置，还能够对财富进行

---

① 宋丽丹：《精准脱贫攻坚助力构建新发展格局——从中西对比看我国精准脱贫攻坚的优势及其世界意义》，载《世界社会主义研究》，2021 年第 1 期，第 52 页。

合理分配，最终形成公平的社会秩序和结果。但面对 1929—1933 年的经济大萧条、工厂倒闭、大面积赤贫等现象，人们开始重新审视这个曾经被奉为圭臬的自由放任的市场理念，对市场和效率的信仰发生动摇，将公平理念放在较为重要的位置。支撑美国政府发生重大转变的理论基础正是凯恩斯宏观经济学理论，该理论认为，西方世界的经济危机是由全社会有效需求不足造成的，需要政府采取措施来解决需求不足的问题，提出国家干预经济的主张，通过福利制度对贫困人口进行救济，从而增加总需求。到了 20 世纪 80 年代初，新自由主义开始大行其道，其经济政策的核心是私有化、自由化、市场化、削减政府规模和大幅度缩减社会福利等等，导致经济危机频频出现、社会贫富分化加剧等一系列严重的社会经济问题。由于美国是一个资本力量强大的发达资本主义国家，加之深受个人主义价值观影响，自由主义经济学更能被美国统治阶层所接受，人们习惯用货币价值作为衡量个人成功与否的标准，他们更为崇尚市场力量、自由主义和有限福利原则，对于提高社会救助保障水平并不积极。比如，在美国经济学家米尔顿·弗里德曼看来，给予贫困人口一定数额的福利补贴不利于激励人们积极进取，反而有损市场效率，因此主张将国家干预限制在最低水平。此类观点不在少数，由此可见，美国始终恪守资本至上理念，导致其减贫行动在公平与效率的天平上最终倒向效率。因此，美国反贫困实践呈现公共支出相对有限、扶贫对象具有选择性、社会救助保障水平相对较低等特征。作为当今最为发达、自身经济基础最雄厚的资本主义国家，在近百年的历史中，美国在贫困治理上缺乏持续性和彻底性，使美国社会始终未能远离贫困问题的困扰。

从价值理念上看，中国减贫实践始终恪守人民至上这一重要原则，这是与西方国家贫困治理最显著的区别。人民至上是马克思主义唯物史观的核心理念，也是中国共产党的执政理念和行动原则，它诠释了我们党的根本政治立场和价值取向。中国共产党自成立之日起就把为人民谋幸福、为民族谋复兴作为自己的初心使命。"消除贫困、改善民生、逐步实现共同富裕，是社会主义本质要求，是我们党的重要使命。"① 中国共产党带领人民为了实现摆脱贫困这项历史任务接续奋斗，将消除贫困、维护人民利益、实现人民幸福的追求内嵌于社会主义本质、党的初心与使命之中，因而强化了贫困治理的政治要求，也凸显了贫困治理的根本价值取向。在中国的减贫实践中，人民至上的价值理念体现在减贫的制度安排、政策制定、体制机制设计的全过程。通过一系列制度性安排，将中国减贫实践聚焦于贫困人口的就业、教育、医疗、社保、养老等生产生活问题，不断满足贫困人口在物质和精神文化等方面的需求，提升贫困人口的整体生活水平，使贫困人口对美好生活的向往有了切实的制度保证。可以说，我们党始终以人民利益为重，将人民至上的价值理念贯穿于我国反贫困的全部实践。从解决温饱到总体小康，再到全面建成小康社会，无不印证了人民至上的价值逻辑与实践逻辑的有机统一。

### （二）从政策体系上分析

美国建立了相对完善的社会保障制度，可以对特定贫困人口进行救助。美国贫困人口有自身特点，主要是黑人、妇女、儿童、老年人、残疾人等弱势群体，因此，美国政府通过建立特定的社会保障体系对这些弱势群体进行社会救助，使他们的生活维持在一定水平。但这种社会保障的弊端也很明显，一部分人认为，可以编造各种借口和理由骗取政府的各类补助，甚至一部分人认为领救济是理所当然的，并且习以为常，给社会保障带来很大压力。此外，美国通过建立工作福利制度，进一步激活贫困人口的自我提升能力。美国政府制定的贫困治理政策较为侧重教育培训、儿童保育、就业支持和落后地区经济开发等，通过赋权实现贫困人口的能力激活，通过强调消除歧视实现机会均等。为了解决福利制度在运行中的弊端，克林顿政府和布什政府先

---

① 中共中央党史和文献研究院编：《十八大以来重要文献选编》（下），北京：中央文献出版社，2018年版，第52页。

后制定《个人责任和工作机会协调法案》《为自立而工作法案》，主要目的是将接受社会救助的权利与劳动工作的义务结合起来，其核心逻辑在于促使贫困人口适应劳动力市场，而非直接提供就业机会。但基础条件是就业市场提供的岗位薪酬必须高于贫困标准，否则这一制度就起不到任何作用。如果缺乏有效的反贫困就业支持体系，那么其结果就是增加了大量工作着的穷人，一定程度上又加剧了社会的贫困问题。

　　反观中国贫困治理的政策体系，在减贫实践探索中日益完善。不同时期国家的经济社会发展形势不同，贫困人口和地区的分布、贫困程度、减贫需求等方面也有所不同，我们党根据形势变化不断调整相应的减贫政策。从出台各项专门政策，扶持、开发贫困地区，促进贫困地区经济发展，带动贫困人口脱贫，到出台一系列超常规且行之有效的减贫政策，成功打赢脱贫攻坚战，中国贫困治理之策展现出了自身特点和优势：第一，系统性。从中央到地方，各级政府都制定并实施了一系列政策措施，在减贫实践中逐步探索形成了系统完备、科学规范、运行有效的贫困治理政策体系，特别是在新时代精准扶贫、精准脱贫基本方略指引下建立了涵盖责任、政策、投入、帮扶、动员等的完备协调的政策体系。这也是我国国家制度和国家治理体系显著优势的具体体现。第二，协同性。我国减贫政策在纵向上贯通、横向上互补，综合运用多种政策工具，注重各种政策工具之间的匹配和协调，多维度、全方位为贫困治理提供支持，保证政策行稳致远。第三，精准性。党中央相继出台了一系列精准扶贫、精准脱贫政策措施，对政策实施主体、对象、手段和方法等作出具体安排和设计，坚持科学精准的原则，确保各项政策红利落地见效。第四，连续性。连续性不是原有政策的简单延续，而是根据形势变化对政策进行优化调整。我国贫困治理政策以提升农民自身脱贫能力为核心，重点打造从绝对贫困到相对贫困治理的长效机制，包括对贫困县设立过渡期、保持主要帮扶政策总体稳定等。

### （三） 从资源投入上分析

纵观世界历史，大部分国家都会通过投入大规模资源进行贫困治理。但由于经济实力有差距，各国在贫困治理资金投入及来源上也存在差别。

1929—1933 年经济大萧条后，美国历届政府均比较重视对落后地区的政策倾斜，在"罗斯福新政"中就制定了"田纳西河流域工程计划"，注重对该地区防洪、航运、发电、农业、林业和社区服务项目的资金投入，提高当地经济发展水平和人民生活水平。1993 年，克林顿政府通过的《联邦受援区和受援社区法案》成为美国历史上第一个系统解决欠发达地区发展问题的法案。通过政府采取包括投资在内的综合性措施，找到一种可持续的方式发展落后地区经济，创造经济发展和就业机会。美国贫困治理的资金投入以联邦政府为主导，资金无须通过各级地方政府就直接下拨给地方的相关机构。同时美国在贫困治理中遵循多元参与和"影子政府"原则，政府"掌舵不划桨"，鼓励企业和非政府组织通过购买服务参与各项公共服务。然而，虽然以美国为代表的西方国家对社会保障的投入不少，但贫困问题依然是其挥之不去的阴影。这一现象引发我们对于贫困治理的思考，发达国家资源投入的核心在于"物"，短期内可以暂时缓解贫困问题，但并不能帮助贫困人口真正脱贫，更无法达到共同富裕的目标。

我国的贫困治理采取全方位帮扶的方式，既重视物质资源投入，更注重人力资源投入。长期以来，中国政府不断加大对减贫事业的资金投入，特别是财政专项扶贫资金持续增加，同时拓宽资金来源，充分动员各级政府，增加扶贫投入。在减贫实践中，政府不断优化政策设计，转变资金投入方式以提高其使用效率。国家对贫困地区基础设施建设和基本公共服务的投入大幅提升，基本实现了生存型公共服务全覆盖、发展型公共服务覆盖率不断增加。在人力资源投入方面，通过教育扶贫提高贫困人口中受教育人口的数量和质量，激发农村人口脱贫致富的积极性，培育他们的劳动技能，提高贫困地区劳动力的职业技能和就业能力，为他们提供可持续发展的平台和基础。习近平总书记指出："打好脱贫攻坚战，关键在人，在人的观念、能力、干劲。贫困地区最缺的是人才。"[①] 通过选派大批优秀干部和专业人才深入脱贫攻坚第一线，有针对性地对本地干部队伍和人才加强培训，切实提高精准扶贫、精准脱贫的工作能力。截至 2020 年，全国累计选派 25.5 万个驻村工作队、超过 300 万名第一书记和驻村干部;[②] 选派科技特派员 28.98 万名，建立科技帮扶结对 7.7 万个。[③] 通过制定各种倾斜政策，吸引人才参与脱贫事业和乡村振兴，特别鼓励大学生、退伍军人和在外务工人员回乡担任村干部，在脱贫致富、创新创业方面起模范带头作用。对于深度贫困地区，精准制定倾斜性、激励性政策，引导当地发展所需的各类专家人才现场指导，手把手地培训本土人才，为深度贫困地区的最终脱贫以及未来发展提供深层动力。中国贫困治理在资源投入方面坚持物质资本与人力资本相结合的策略，这也是中国贫困治理能够取得历史性成就的重要原因之一。

### （四）从实际效果上分析

美国减贫行动在近百年历史中取得了一定成绩，逐步构建起市场主导、社会支持和政府参与的减贫格局，这在一定程度上缓解了美国社会的贫困问题。但其贫困治理表现与其国力和国际地位并不相称，特别是今天的美国社会依然深受贫富差距悬殊、贫困人口不降反升、社会保障制度积重难返等问题困扰，属于西方发达国家中贫困问题比较严重的国家。

---

① 习近平:《在打好精准脱贫攻坚战座谈会上的讲话》，载《求是》，2020 年第 9 期，第 16 页。

② 习近平:《在全国脱贫攻坚总结表彰大会上的讲话》，载《人民日报》，2021 年 2 月 26 日，第 2 版。

③ 《28.98 万科技特派员成为脱贫攻坚"生力军"》，https://www.gov.cn/xinwen/2020-12/23/content_5572848.htm。

　　根据国务院新闻办公室发表的《2020 年美国侵犯人权报告》，美国最富有的 50 人与最贫穷的 1.65 亿人拥有的财富相等，1%最富有的人拥有的净资产是 50%最贫困人口的 16.4 倍。另据美国智库政策研究院研究报告，美国是贫富分化最严重的西方国家，2021 年，美国基尼系数升至 0.48，几乎是半个世纪以来的新高。1990 年至 2021 年，美国亿万富翁的总体财富增长了 19 倍，而同期美国财富中位数只上升了 5.37%。2020 年 3 月至 2021 年 1 月，美国国内收入排名前 20%人口的财富增加约 2 万亿美元，而排名后 20%人口的财富减少逾 1800 亿美元。① 特别是新冠疫情暴发以来，美国疫情防控始终被高度政治化，严重损害了美国人民的生命权和健康权，加剧了美国的贫困问题。芝加哥大学和圣母大学的研究显示，美国的贫困率从 2020 年 6 月的 9.3%快速上升到 11 月的 11.7%。研究还发现，美国贫富差距和新冠疫情导致的死亡率密切相关。纽约州的基尼系数最高，其死亡人数也最高。联合国极端贫困与人权问题特别报告员菲利普·奥尔斯顿指出，美国穷人正受到新冠肺炎病毒最严重的打击，更容易感染病毒，死亡率更高，而一个混乱的、注重企业利润的政府应对措施未能充分顾及他们的利益。② 此外，美国减贫模式的实践效果暴露了美国社会保障体系的固有缺陷。贫困问题的基本表征与应对举措不仅受制于一国经济社会发展水平，也与社会保障效能的发挥直接相关。作为世界最发达国家，近些年来，美国社会保障体系却愈发脆弱，贫困问题表现得更为突出，无法为贫困人口提供基本生活及医疗服务。在美国，数以百万计的无家可归者已然成为美国社会的一大顽疾。近年来，纽约市无家可归人数激增至 80 000 人，达到 1929—1933 年经济大萧条以来的最高水平，仅 2022 年 9 月 11 日当天就有 55 338 人睡在城市收容所，其中包括

---

① 钟声：《贫富分化加剧社会不公，人权债只会越欠越多》，载《人民日报》，2022 年 5 月 20 日，第 16 版。
② 《2020 年美国侵犯人权报告》，http://www.xinhuanet.com/2021−03−24/c_1127250192.html。

18 000 多名儿童。① 根据美国《波士顿先驱报》报道，美国疾病控制和预防中心的数据显示，美国人的预期寿命在 2021 年下降了近 1 岁，达到 1996 年以来的最低水平。② 2021 年，美国社会有近 3000 万人没有任何形式的医疗保险，很多人因医疗费用昂贵而放弃治疗。③ 美国穷人感染新冠病毒病例更多、死亡率更高并非偶然。美国穷人权益组织负责人巴伯指出，美国政府"在疫情期间忽视这个国家的穷人和低收入人群，做法是如此无德、令人震惊且极不公正"④。美国社会保障政策会随着执政党的更迭而发生变化，这也决定了美国政府难以持续投入减贫资源、难以形成减贫长效机制。

　　改革开放 40 多年来，中国的贫困治理成功解决了绝对贫困，在规模、速度、质量上均创造了世界减贫史上的新记录，彻底改写了世界贫困版图。中国减贫始终致力于实现贫困群众的全面发展，始终紧扣不断提高贫困群众自身减贫能力这一根本，不断实现贫困群众经济权利、文化权利及社会保障权利，以经济增长和发展带动他们的收入不断提高，逐步摆脱贫困状态。根据扶贫形势、贫困特点和国家发展战略的变化，我国不断创新并适时优化贫困治理方式，不断调整和完善减贫理念、贫困治理结构和扶贫资金管理，让贫困地区基础设施日臻完善、文化教育和卫生事业明显进步，极大改善了贫困群众的生产和生活条件。脱贫不是终点，而是新的起点。我国对脱贫地区设立衔接过渡期，以 5 年为限，坚持"扶上马、送一程"，建立防止返贫致贫监测预警和帮扶机制，持续巩固拓展脱贫攻坚成果。总之，中国减贫实践坚持减贫数量与减贫质量并重、外在扶贫与内在扶志兼顾、消除结

---

　　① 聂舒翼：《纽约超 1.8 万儿童无家可归，"美国梦"无处安放》，载《人民日报（海外版）》，2022 年 9 月 15 日。

　　② 《美媒：美国社会保障体系遭到巨大破坏》，https://world. huanqiu. com/article/49kGb7YrVwS。

　　③ 《中国代表在人权理事会敦促美国重视解决贫困问题》，http://www. news. cn/world/2022-06/28/c_1128781968. htm。

　　④ 钟声：《贫富分化加剧社会不公，人权债只会越欠越多》，载《人民日报》，2022 年 5 月 20 日，第 16 版。

构性致贫因素与改善个体性致贫因素相结合等一系列创新举措，才取得今天这样卓越的减贫成效。

## 第二节　中国特色减贫道路与发展中国家减贫道路的比较

发展中国家也称"开发中国家"或"欠发达国家"，是对经济、技术、人民生活水平相对落后国家的统称。全球 200 多个国家和地区中，发展中国家占绝大多数，主要分布在亚洲、拉丁美洲、非洲等地区。数十年来，包括中国在内的广大发展中国家为了摆脱贫困、消除饥饿，立足本国国情进行了长期不懈努力，探索出了各具特色的减贫道路和减贫模式。

### 一、发展中国家贫困问题的基本特征

贫困问题的产生既有自然、历史原因，也受各国政治、文化及社会等诸多因素的影响，而生产力发展水平低、社会财富分配不公则是贫困现象存在的根本性原因。无论是何种原因所致，摆脱贫困一直是广大发展中国家的美好愿望和努力方向。与发达国家相比，发展中国家在贫困程度、规模及分布上呈现出不同的特点。

### （一）发展中国家贫困问题主要为绝对贫困

自 20 世纪 70 年代以来，随着发达国家经济发展水平显著提升、社会福利制度日趋完善，发达国家逐步解决了贫困人口基本生存问题，开始转向相对贫困，贫困发生率也趋于稳定。与发达国家的相对贫困不同的是，发展中国家不仅贫困规模比发达国家大很多，且贫困程度更为严重。发展中国家大量的贫困人口面临着生存问题，主要是这部分贫困人口通过工作等仍不能满足其家庭基本生存需要，缺衣少食，缺乏基本的社会保障，生活水平十分低下。世界银行发布的数据显示，按照国际汇率法计算，2021 年，全球人均国内生产总值为 12 263 美

元，而南亚地区人均国内生产总值为 2177 美元，仅相当于全球人均国内生产总值的 17.75%；撒哈拉以南非洲地区人均国内生产总值为 1645 美元，仅相当于全球人均国内生产总值的 13.41%。可以看出，南亚国家与撒哈拉以南非洲地区国家人均国内生产总值远低于世界平均水平，这些地区的人们生活极为贫困。在遭受新冠疫情冲击后，"2021 年，非洲约有 3000 万人陷入极端贫困，同年因疫情丧失约 2200 万个工作岗位，人均收入预计将比疫情前低 4% 以上"[①]。以尼日利亚为例，世界银行发布的《2024 年尼日利亚贫困评估报告》显示，尼日利亚贫困率显著上升，2023 年新增超过 1000 万贫困人口，贫困人口数量升至 1.29 亿。

表面上看，发展中国家的贫困是由生产力落后、整体经济发展水平较低造成的，加之大多数国家内部各地区间经济发展水平差异较大，因而相对落后地区必然存在一部分人的衣、食、住、行等基本生活条件得不到满足，存在因粮食短缺引起营养不良、生病甚至死亡的现象。然而，从深层次原因分析，冷战结束后，以西方国家为中心的国际政治经济秩序得到强化，西方发达国家在世界上推行新自由主义，鼓吹私有化、自由化和政府最小化，政治上推行霸权主义，干涉他国内政，凭借其科技和经济优势，挥动技术和贸易大棒，操纵国际市场，冲击发展中国家本已脆弱的产业结构和经济体系，严重损害了广大发展中国家的利益。此外，地区冲突和恐怖主义也是加深发展中国家贫困程度的重要原因。贫困往往与战乱和恐怖主义相伴相生，贫困地区的社会环境、生态环境也因此遭受严重破坏，导致经济发展停滞不前、贫困人口数量激增。受俄乌冲突和新冠疫情等因素影响，全球粮食短缺问题加剧。据联合国粮农组织的统计数据，2022 年全球食品价格指数同比上升 14.3%。粮食短缺和粮食价格的急剧上升不仅严重威胁贫困人口的基本生存，也会使一些家庭由此跌入绝对贫困。

---

[①]　刘娴、王雪莲：《近期撒哈拉以南非洲地区经济形势与展望》,载《中国投资》,2022 年第 ZB 期,第 92 页。

## （二）发展中国家贫困人口规模庞大

关于全球贫困人口的准确数值，由于贫困标准和统计方法不同，不同国家（组织）得出的结果也有所不同。世界银行依据 2011 年国际购买力平价设定的全球绝对贫困标准是每人每天生活费 1.9 美元。2022 年秋季起，世界银行开始使用 2017 年国际购买力平价计算全球贫困人口，全球绝对贫困标准由 1.9 美元上调至 2.15 美元。联合国报告显示，2019 年，全球有 8.12 亿人生活在极端贫困中，2021 年，这一数据上升至 8.89 亿。为了能更加全面地反映世界贫困人口情况，2021 年 10 月，联合国开发计划署与牛津大学贫困和人类发展倡议组织运用综合贫困指数，计算出饮用水、基础教育情况、营养状况等共 10 个指标的加权数，用来衡量不同国家和地区特别是发展中国家的贫困程度。结果显示，全球贫困人口高达 13 亿，明显高于世界银行的同期数据。从区域上看，撒哈拉以南非洲地区贫困人口最为集中，高达 5.56 亿，贫困发生率为 53%，也就是说，撒哈拉以南非洲地区超半数人口处于贫困状态。其次是南亚地区，贫困人口为 5.32 亿，贫困发生率为 29%。从国别上看，在纳入统计的国家中，印度、尼日利亚、巴基斯坦、埃塞俄比亚和刚果（金）是贫困人口最多的 5 个国家。

虽然不同组织依据的标准不尽相同，但以上数据均表明，发展中国家贫困人口规模大，全球贫困人口主要集中在发展中国家，有的国家贫困人口还在不断增加。

## （三）发展中国家贫困人口主要分布在农村

二战后，世界经济快速发展，发展中国家的人均收入和人民生活水平有了不同程度的提升，但大部分发展中国家仍是农业国，农业生产力水平较低，工业和服务业增长缓慢，人口增长速度快但城市化水平不高。在现代化进程中，许多发展中国家难以实现经济发展和社会结构同时转型。一个国家内部往往农村贫困人口与城市贫困人口并存，且农村贫困人口占比较大、分布更为集中。从区域分布看，农村的贫困问题更为突出。依据联合国开发计划署与牛津大学贫困和人类发展倡议组织联合发布的《2021年全球综合贫困指数》报告，在全球贫困人口中，按城乡划分，84%生活在农村地区，16%生活在城市。① 与此类似，历史上，我国的贫困人口也主要集中在农村地区。

发展中国家的农村贫困问题除了表现为农民经济收入较低，还表现为农村的教育、卫生等基本社会服务较为落后。比如，巴西是南美洲最大的发展中国家，也是农业大国。长期以来，受葡萄牙殖民统治时期的大庄园制影响，巴西农村地区普通农户无法与大农场竞争，逐步沦为无地农民。根据2017年巴西农业普查的结果，全国近一半的耕地被0.1%的大土地所有者拥有，大量村民没有自己的土地。和城市相比，农村基础设施和公共服务水平十分落后。在教育领域，巴西15.5%的农民是文盲，仅接受过基础教育的农民超过六成。此外，发展中国家贫困人口的生命和健康也面临威胁。由于医疗投入水平和医疗服务水平偏低、卫生条件较差，出现了大量缺医少药的情况，这些贫困地区普遍存在着婴儿死亡率偏高、人均预期寿命较低的现象。2020年，联合国儿童基金会、世界卫生组织等联合发布《被忽视的悲剧：全球死胎的负担》的报告，84%的死产事件发生在低收入和中低收入国家。此外，无论在低收入还是高收入国家，农村地区死产率均高于城市地区。②

### 二、发展中国家减贫实践的历史图景——以印度为例

近年来，印度的快速发展引起世界的广泛关注，印度经济总量已经突破3万亿美元，成为全球第五大经济体，但贫困问题仍是印度经

---

① 《联合国开发计划署称撒哈拉以南非洲过半人口处于贫困状态》，http://ml. mofcom. gov. cn/article/ztdy/202110/20211003209636. shtml。

② 《联合国机构报告：全球每16秒就有一个胎儿死产》，http://www. xinhuanet. com/world/2020-10/08/c_1126582259. htm。

济社会发展的一大痼疾。作为世界人口大国，印度是全球贫困人口最多的国家，全国 80% 的人口以农业为生，贫困问题也主要集中在农村。为了解决贫困问题，不同时期的印度政府付出了大量努力，也取得了一定的成绩。印度曾遭受英国殖民统治数百年，殖民与战争留给印度的是无尽的创伤，经济掠夺与剥削加深了印度贫困状况。1947 年，印度获得民族独立。由于印度采取议会民主制，独立后的 70 多年间，共有 16 届政府登台，特别是在 20 世纪 70 年代末到 90 年代的 20 多年间，就发生了 10 余次政权更迭，频繁的政权更迭使各项减贫政策的稳定性和持续性难以得到保证。

由于自由化改革是独立后印度减贫史的重要转折点，本文以印度自由化改革为分割线，将印度减贫实践大致划分为自由化改革前后两个时期，每个时期选取若干有代表性的领导人的减贫政策加以梳理，以呈现出印度减贫历程的基本情况。

### （一）自由化改革前的印度减贫

1947 年，印度获得民族独立，但当时的印度发展很艰难，具体表现在生产力水平落后、文盲率高、医疗卫生条件差，以及人民生活水平低。尼赫鲁是印度民族解放运动的著名领导人，在印度民族独立和摆脱贫困道路上起到了重要作用，他被看作是"确定印度独立后头十五年发展方向的民族主义英雄和真诚的民主派"[1]。尼赫鲁致力于改变印度社会贫富分化严重的情况，他认为："我们必须致力于一个寻求结构根本变革的社会哲学，一个不为私人利润和个人贪欲驱使以及建立在政治经济权力公平分配基础上的社会。"[2] 尼赫鲁废除了柴明达尔的"中间人"制度，实行了租佃改革，颁布了土地持有最高限额的制度，

---

[1] 弗朗辛·R. 弗兰克尔著，孙培钧、梅之、刘创源等译，杨瑞琳校：《印度独立后政治经济发展史》，北京：中国社会科学出版社，1989 年版，第 1 页。
[2] 杨冬云：《印度经济改革与发展的制度分析》，华东师范大学博士学位论文，2005 年 4 月，第13 页。

并从大地主手中购买土地，将其分配给农民耕种，提高农民的收入水平。尼赫鲁还强化计划经济体制，自1951年开始学习苏联实施五年计划，强调中央计划指令和政府干预，侧重发展资本密集型产业，此时印度既强调经济发展又注重社会公平，但经济增长率并不高。特别是20世纪60年代初期，印度自然灾害频发，农业连年歉收，严重影响广大农民的基本生存。在此背景下，印度政府开始下大力气解决农村的粮食生产问题。

20世纪60年代，印度国民大会党（以下简称"国大党"）的甘地启动了"绿色革命"，这是一场以推广应用农业新技术为主要标志的综合农业技术革命。政府投入大量资金和现代农业生产要素改造传统农业，更加注重改善底层人民的生活条件，使得"绿色革命"受到国际社会赞誉，如，"农业精耕地区计划"和"农业精耕县计划"实施后，水稻和小麦等主要农作物单产显著提升，特别是发起"绿色革命"的印度西北部地区，基本实现了粮食的自给自足。但由于改革成果分配不均，受益的主要是拥有土地的地主和富农，社会贫富差距进一步拉大，印度贫困发生率超过了50%。随着城市化进程的加速，大量的无地、少地农民为了生存被裹挟着向城市转移，然而，农民在城市立足非常困难，生活困顿的人群聚集在一起，逐渐在较大城市形成了连片的贫民窟，成为印度经济社会发展的顽疾。在印度"六五计划"期间，甘地政府首次提出了"向贫困进军"战略，将消除贫困与经济发展紧密结合，通过开发式扶贫方式减少贫困。甘地认为，仅依靠有限的经济增长难以消除贫困，必须采取更加直接有效的措施才能取得较好的效果，遂推行"全国农村就业计划"。该计划主要在农闲时为农业工人和入不敷出的小农提供就业机会，由中央政府和邦政府共同负责组织。此外，甘地政府推行"最低需要计划"，该计划意图实施儿童初等教育和成人教育，并建立一批医疗中心；基本解决农村供水问题（山区和沙漠地区除外）；修建农村道路；帮助解决农村无地劳工的住房问题；改善城市贫民区的环境等。政府拨款580亿卢比用作这方面的花费。"六五计划"还继续落实土地持有最高限额，争取分配给小农和无地农工的土地达到全国可耕地面积的 5%。"六五计划"结束时，印度贫困发生率已由 48.3% 下降到 35%。虽然取得了一定成绩，但印度仍有大量失业人口，特别是在教育和医疗卫生方面，效果差强人意。印度的学龄儿童入学比例依然较低，成人扫盲任务依然艰巨，改善农村医疗卫生条件等计划终究还是停留在纸面上。1984 年，国大党再次获得选举胜利，甘地政府制定"七五计划"，强调发展科技产业，如信息、生物工程科技、微电子等。由于科技产业得到国家扶植，在此期间，软件业取得了巨大发展，但同时，印度国际国内债务加重，财政赤字急剧增加，通货膨胀日益严重，贫富差距不断扩大，高消费人口和贫困人口日益增多，成为政府亟待解决的问题。[①]

从某种程度上看，甘地政府采取的经济政策是对尼赫鲁政府时期政策的延续，这一阶段，印度经济整体发展较为缓慢且不稳定，有限的投入难以支撑整个国家的贫困治理，无法实现印度政府消除贫困的愿望。与此同时，印度的绝对贫困人口占总人口的比重呈上升趋势。为了解决经济发展缓慢与贫困人口增多的问题，从 20 世纪 90 年代初开始，拉奥政府推行了自由化改革。

### （二）自由化改革后的印度减贫

拉奥政府启动自由化改革并非偶然，而是主动顺应国内外局势变化的行为。"印度的落后与经济边缘化、苏联的崩溃促使拉奥政府下决心进行大张旗鼓的经济改革，在新出现的世界秩序中发挥印度应有的作用。"[②] 拉奥曾说："像'往常一样行事'很容易做到，但必须考虑到穷困依旧的后果"，所以"我们没有选择，只能进行改革，唯有改革才能实现我们的增长、自力更生、现代化、平等和提高穷人生活水平

---

① 李芳、刘沁秋：《印度在第三条道路上踯躅》，成都：四川人民出版社，2002 年版，第 169 页。
② 张淑兰：《拉奥政府经济改革的理念》，载《南亚研究季刊》，2003 年第 1 期，第 13 页。

的基本目标"。① 这一阶段，印度利用外国投资和技术促进经济发展，使用世界银行提供的贷款开发扶贫项目。此时，印度政府致力于满足贫困人口在食品、就业、医疗及教育等方面的基本需求，如"印度至少大米、小麦总产量的16%和粗粮的5%都是通过供应分配系统转移给穷人家庭"②；在全国范围内建立公立医院，推行全民免费医疗制度，由公立医院负责落实到位等。这些举措在救助贫弱、维护社会公平方面发挥了积极作用。在"八五计划"期间，印度实施"农村综合发展计划"，通过向贫困农户提供补助和贴息贷款，帮助他们发展种植业、畜牧业，支持农民自主开展经营活动，增加收入来源。如，印度政府实施"农村青年自营职业培训计划"，只有"农村综合发展计划"目标组家庭中18—35岁的青年才有资格参加，而且每户只能参加1人。此外，印度还实施了"干旱地区发展计划"和"农村妇女儿童发展计划"等一系列扶贫计划，在全国范围内取得了比较明显的成效。拉奥的继任者瓦杰帕伊继续推行自由化改革，他在执政期内重点扶持高新技术产业，大力推行经济私有化、自由化、全球化和市场化，从1998年到2003年，印度经济快速发展，对外贸易不断增长，成为经济增长速度仅次于中国的发展中国家，但此时印度政府对农村的公共投资逐年减少，忽视了农村地区的发展和贫困人口的利益。这一状况在辛格时期有所改变。辛格曾任拉奥政府的财政部长，拉奥政府许多经济改革政策及措施均由辛格制定，因此辛格获得了印度"经济改革之父"的称号。为了化解社会矛盾、兼顾印度社会各个阶层的利益，辛格在这一阶段的改革表现出谨慎而稳健的特点。他多次表示，经济改革不会停止，但要注重在保持经济高速增长的同时实现经济发展的平民化及人性化，比如重视就业、保障民生、通过加强基础设施建设改善落后地区的发展条件等。辛格执政10年间，在铁路、公路、农业灌溉等

---

① 张淑兰：《拉奥政府经济改革的理念》，载《南亚研究季刊》，2003年第1期，第13页。
② 闫坤、刘轶芳：《中国特色的反贫困理论与实践研究》，北京：中国社会科学出版社，2016年版，第134页。

农村基础设施建设上的投入高达 3200 亿美元。总体看来，辛格政府的经济政策成效显著，在一段时期内，印度经济年均增长速度保持在 8% 左右，在"十一五计划"期内实现了就业岗位的增加，在一定程度上减少了贫困人口规模。印度自实施自由化改革以来，经济呈现持续增长态势，总体经济实力不断增长，为印度反贫困事业的推进奠定了较好基础。

2014 年，印度人民党在大选中获胜，莫迪出任总理。他强调："我们需要的不是更多的产品，而是由多数人参与的生产。"为此，他推出了由"印度创业计划""数字印度计划""莫迪医保计划"等构成的莫迪新政，以加大对农村开发力度、增加就业、治理腐败、开展各类惠民工程为摆脱贫困的着力点。一是加大对农村的开发力度。2014 年，为了改变农村落后的卫生环境，莫迪政府发起了"厕所运动"，在农村地区投资建立 50 万个池塘，以解决农村安全用水问题；启动"城乡计划"，将农村打造成为印度经济增长点，提高农村地区生活水平和就业水平。二是增加就业，缓解贫困。莫迪政府提出"数字印度计划"，承诺在 1000 天之内实现印度村村通电，同时在农村地区开展"联网计划"，在 2018 年年底光纤宽带覆盖 62.5 万个村庄。事实上，农村用网率虽没有印度政府承诺得那样多，但印度许多农村地区借助互联网实现了经济增长、获得了远程医疗服务，这些都改善了农民的生活条件。莫迪政府又提出"印度制造计划"，目标是在 2022 年使制造业占国内生产总值的比重提高至 25%，同时，创造出 1 亿个就业机会。[①] 三是治理腐败。莫迪政府将反腐败视为贫困治理的重点。2015 年，莫迪发表独立日演讲，强调印度政府决心向贫困和腐败开刀。2016 年，印度出现了"废钞运动"，随后莫迪政府建立了全国 12 位 "Aadhaar 身份证系统"，将原来每个公民不同的社保卡、医保卡统一为唯一的公民身份证号码，个人的身份证号码与银行账户绑定，银行账

---

① 万腾:《中国特色减贫道路的政治经济学逻辑》,四川大学博士学位论文,2022 年 5 月,第 269 页。

户又直接与福利转移系统关联。这样"政府可以直接向贫困群体发放福利救济金和补贴，既减少冒名顶替的现象又避免贫困群体遭受盘剥"①。数字化管理的确缓解了印度腐败现象，提高了贫困治理水平。可以看到，莫迪政府推进的改革发展任务不再局限于经济层面，而是深入到了政治体制层面。他认为，腐败已经阻碍了印度经济发展和贫困问题的有效治理，所以，莫迪政府加大反腐力度，提高执政效率，以此进一步释放经济改革的活力，实现摆脱贫困的目标。四是开展各类惠民工程。莫迪政府开展"印度创业计划"，设立15亿美元的创业基金用于支持创业项目，通过简化程序、减免税收等措施增加就业岗位、促进就业，这些举措使得不少贫困人口获益。此外，莫迪政府启动庞大的"莫迪医保计划"，旨在覆盖5亿印度公民②，但该计划要真正实现难度极大，而且印度公共卫生医疗条件令人担忧，有数据表明，印度每年劣质医疗导致的死亡率远远高于其他金砖国家及其邻国。

自由化改革后，印度经济实现了快速且较稳定的增长态势，这本应为国内实现有效贫困治理提供强劲支持，但事实上，印度反贫困成绩仍差强人意，减贫效果与经济发展速度并不同步，其规划的若干个五年计划中的减贫目标都未能如期实现。总体而言，自印度独立以来，历届政府一直推进贫困治理工作，并在各个历史时期采取了一系列反贫困措施，虽取得了一定成效，但受制于财富积累、社会制度、历史积弊、政策偏差等多种因素，印度的贫困问题至今没能得到根本解决。

### 三、中印减贫道路的差异性分析

在比较视野下，发展水平大体相同、国情相近的国家，贫困治理更具可比性，也更有说服力。从这个意义上说，中印两国减贫对比能够在更大程度上反映不同贫困治理道路或模式的优势与成效。

---

① 刘丽坤：《莫迪经济学：为何印度将走向长期繁荣》，载《社会科学报》，2018年8月9日。

② 《外媒称"莫迪医保"正式启动：号称全球最大政府医疗计划》，http://www.xinhuanetcom/world/2018-09/24/c129959646htm。

中国与印度在历史文化、国家制度上有很大差异，但同为发展中国家和人口大国，两国起点接近，在贫困治理方面面临的挑战和困境十分相似。两国同为世界文明古国，都曾作为世界一流大国而著称于世。18—19世纪，两个国家先后遭受西方坚船利炮的侵略，均经历了长达百余年的衰落。到20世纪中叶，中印两国都获得了政治独立。1947年，印度国内生产总值约为195亿美元，人均国内生产总值约为57美元；1949年，中国国内生产总值约为179亿美元，人均国内生产总值约为33美元，两国的贫困程度基本相同。近几十年来，中国和印度都致力于本国的经济社会发展。但由于两国采取了不同的发展模式和政策，中国经济发展遥遥领先于印度。在减贫方面，中国也同样取得远超印度的成就。下文从社会制度、战略目标、政策体系及治理效果等维度入手，分析中印减贫道路、减贫模式存在的差异。

## （一）从社会制度上分析

印度的种姓制度由来已久。在3000多年的历史延续中，主管宗教的婆罗门占总人口的3%左右，占总人口5%左右的刹帝利统治国家，这两个地位较高的种姓的人口占据了全国80%以上的优势职业，而首陀罗和达利特地位低下，只能从事又脏又累的工作，且收入微薄，在社会的底层苦苦挣扎。虽然印度独立以后正式废除了种姓制度，但在现实生活中，种姓歧视在一些地区特别是农村仍有很大市场，种姓制度的残余思想也成为贫困阶层向上流动的一大障碍。

印度独立运动由印度本土精英集团领导和推动，没有发动社会中绝大多数人民的力量，这也造成印度独立后在发展战略和策略上一直具有浓厚的精英主义色彩。独立之初，尼赫鲁政府在"二五计划"期间实行土地改革，废除了全国200多万"中间人"，约300万佃户和无地农民拥有了620万英亩耕地，但最终，"占地4公顷以上的地主占有农村土地 60% 以上，而 22% 的农村人口却没有任何土地"①。有印度学者指出："中国自 1980 年以来的大规模转型之所以成为可能，原因之一是它延续了农村的土地公平分配——自 1949 年起的土地改革，令超过 3 亿无地农民分到土地；随着 1978 年的改革，土地再次回到农户手中。而在印度，情况恰恰相反。它在上世纪 50 年代和 60 年代尝试了土地改革，但并未完全成功。根据 2011 年的一项调查，印度约 55% 的农业劳动力没有土地。"② 说到底，这场改革本质是维护地主阶级的利益，无地和少地的农民规模依旧庞大，印度政府通过土地改革解决农村贫困问题的愿望基本落空，贫困态势依然严峻。

从国家政治结构上看，印度实行多党竞争的联邦制，政府权威性有限，政府、非政府和地方社会自治组织及潘查亚特③之间相互制约、相互掣肘，严重弱化了政府在贫困治理中的组织动员能力，也影响了贫困治理的效率。此外，选举政治无法克服的制度障碍、政策短期化等问题仍是贫困治理实践中难以克服的顽疾。竞选时承诺为穷人服务、让穷人变富，当选后却无法兑现承诺，这是印度独立以来历届政府都存在的问题。在 2014 年印度大选中，莫迪提出"人人支持、人人发展"的口号，认为消除贫困将是他任内的重要职责。他称，没人愿意一直贫穷下去，印度的贫困阶层也在努力脱贫，因此，政府在制定政策和发展项目时必须将他们纳入考量。但他当选印度总理后，却被指对贫困阶层的关注度不足、贫困治理业绩不佳。可见，受政党、种姓、宗教等制度性因素制约，印度政府在贫困治理中的领导能力和社会资源调动能力不足，影响印度的减贫实效。

马克思和恩格斯从制度层面对资本主义社会贫困现象进行了深刻分析，揭示出贫困根源在于剥削制度，认为应该"通过新的社会制度

---

①　闫坤、刘轶芳：《中国特色的反贫困理论与实践研究》，北京：中国社会科学出版社，2016 年版，第 132 页。

②　普拉桑纳·莫汉蒂：《为什么中国消除了绝对贫困，但印度却没有》，载《参考消息》，2022 年 12 月 31 日。

③　古称"五老会"，印度农村的基本自治制度，有着悠久的历史。

来彻底铲除这些弊病"①，这为包括印度在内的发展中国家摆脱贫困指明了发展方向与道路。与印度不同，中国共产党领导中国人民在新民主主义革命时期推翻"三座大山"，实现了民族独立和人民解放，建立了新中国，紧接着又完成了社会主义革命，消灭了在中国延续几千年的封建剥削压迫制度，确立了社会主义基本制度，消除了造成贫困的不平等社会结构，奠定了消除贫困的制度基础。中国共产党始终把消除贫困、让老百姓过上好日子作为自身使命和历史责任，坚持党的集中统一领导、统一决策、统一部署，一代代中国共产党人一以贯之，接续向贫困宣战，取得了举世瞩目的减贫成就，凸显了中国共产党领导的强大政治优势。党中央总揽全局、协调各方，实现了将有效市场与有为政府有机结合，采取超常规贫困治理方式，构建起政府、社会、市场协同参与的扶贫格局，通过凝聚和引领全社会力量，形成强大合力，攻克了绝对贫困堡垒。这在任何其他国家都是难以想象的，对此，印度汉学家狄伯杰评价道："中共在实施精准扶贫这样的宏伟项目中发挥领导作用，并利用党的组织优势实施和监督这样的庞大计划。"②

## （二）从战略目标上分析

贫困治理的战略目标是贫困治理的核心问题之一，贫困治理的政策体系、制度设计、动力机制、运行机制等方面都依据战略目标展开。

印度通过各类农村发展项目创造更多就业机会，降低农村绝对贫困发生率，力求通过提供临时就业走出一条满足贫困人口基本需求的减贫模式。从某种程度上说，印度的贫困治理仅仅以满足贫困人口最低需求为目标。20世纪90年代后，印度政府直接为贫困人口提供基本生活保障，仅注重短期生计纾困，未考虑贫困人口内生发展和可持续

---

① 中共中央马克思恩格斯列宁斯大林著作编译局编译：《马克思恩格斯选集》（第一卷），北京：人民出版社，2012年版，第302页。
② 胡晓明：《中国靠制度优势移走"贫困泰山"——印度汉学家狄伯杰》，载《参考消息》，2020年5月20日。

发展问题，也未将贫困治理纳入国家经济社会发展大局中考量。这一现象有着更深层次的原因，就是印度是联邦制国家，受选举制度影响，印度执政党或执政联盟在制定经济发展和减贫政策时，难以有长远政策谋划，他们往往更愿意制定一些急功近利的政策，获取短期效益以赢得选民支持。因此，印度始终缺乏对于贫困治理战略目标的设计和规划，也就导致印度贫困治理的政策不具备长期性、持续性，贫困治理效果起伏不定。

中国共产党始终把消除贫困作为定国安邦的重要任务，并把贫困治理上升为国家意志、国家战略、国家行动，有着十分明确的贫困治理战略思维。从1982年的"三西"地区扶贫开发计划到首次将扶贫工作列入"七五"计划，从《国家八七扶贫攻坚计划（1994—2000年）》的出台到"十三五"规划提出采取超常规措施，坚决打赢脱贫攻坚战，我国在制定和实施一个时期党的路线方针政策、提出国家中长期发展规划建议时，都把扶贫减贫作为重要内容纳入国家经济社会发展总体布局进行部署，并运用国家力量推进。比如在"十三五"时期，我国根据《中国农村扶贫开发纲要（2011—2020年）》《中共中央、国务院关于打赢脱贫攻坚战的决定》《中华人民共和国国民经济和社会发展第十三个五年规划纲要》，专门编制了《"十三五"脱贫攻坚规划》，阐明"十三五"时期国家脱贫攻坚总体思路、基本目标、主要任务和重大举措。在脱贫攻坚即将取得全面胜利时，党的十九届五中全会又将"脱贫攻坚成果巩固拓展，乡村振兴战略全面推进"纳入"十四五"时期经济社会发展主要目标，提出了实现巩固拓展脱贫攻坚成果同乡村振兴有效衔接的重大要求。通过制定和实施有利于消除贫困的战略目标、规划和政策，构建消除贫困的基本框架、组织体系和运行机制，为摆脱贫困提供了强大的政治、组织和社会支持，是我国反贫困事业取得举世瞩目成就的重要保障。

**（三）从政策体系上分析**

贫困治理政策体系一般由兜底保障政策和促进发展政策组合而成。

兜底保障政策本质是国家对困难群众实施的一种社会救助政策，比如对因病、因残、年老体弱、丧失劳动能力及生存条件恶劣等原因造成生活困难的家庭给予的一种救助，它比较适用于外源性扶贫。促进发展政策旨在激发贫困地区内生动力，以实现发展，较多适用于内源性扶贫。

印度侧重于采取"输血式"扶贫或外源性扶贫方式。印度政府认为，印度的贫困根源在于农民大面积失业，但由于没有建立适合印度农业生产发展的土地制度，仅能通过促进贫困人口直接就业减少贫困发生率，如印度直接提供临时就业机会这样的方式，表面上能够迅速满足贫困人口的现实需求，在特定情况下可以有效缓解贫困人口的生存危机，但一旦补贴速度低于人口增长速度，或外部支持难以为继时，其脆弱性便凸显出来，很容易出现返贫现象。印度贫困治理的政策体系更多地围绕生计纾困层面进行设计，缺乏对于促进贫困人口发展政策的安排，这也与印度忽视影响贫困人口内生动力的教育因素有直接关系。印度的教育领域存在着严重不平等现象，导致印度文盲率居高不下。印度是世界上文盲最多的国家，成年文盲人口达 2.8 亿，特别是女性受教育水平较低，女性人口中仅有大约 9% 符合就业或求职条件。[①]

与印度减贫政策相比，中国在贫困治理实践中逐步形成了立足本国国情的科学、完备的政策举措，特别是建立健全了上下联动、统一协调的政策体系，为脱贫攻坚提供了有力的政策和制度保障。中国准确把握脱贫攻坚的客观规律，结合贫困群众需求，坚持内外兼修的治理策略，采取外源性扶贫与内源性扶贫"双轮驱动"，建立起系统化、精准化和可持续的扶贫政策体系，实现了兜底保障与内驱发展的有机耦合。如，中国政府特别关注促进发展政策，注重扶贫与扶志、扶智相结合，激发脱贫内生动力。通过对贫困人口进行技能培训，充分开

①　刘宗义：《淡看印度人口将超过中国》，载《光明日报》，2022 年 7 月 21 日，第 12 版。

发贫困人口发展潜能，提高贫困人口劳动能力；通过推进基础教育均衡发展，提高贫困家庭子女受教育程度，阻断贫困代际传递。依托各种形式的培训班、文化下乡等活动，宣传贫困治理的新思想和新政策，使贫困人口进一步克服"等靠要"思想。2022年10月，世界银行发布的关于全球贫困的最新报告指出，中国减贫成功有两个支柱，"第一个支柱是快速的经济增长"，"第二个支柱是政府持续减贫的政策，它最初针对的是因地理环境和缺乏经济机会而处于劣势的地区，后来重点关注各地的贫困家庭。其中包括针对贫困家庭的社会保障政策，例如社会援助、社会保险、社会福利及其他有针对性的社会政策"。[①] 在国家政策、制度、资金等多种方式的扶持下，将贫困治理与地区资源禀赋相结合，通过发展生产、易地搬迁、生态补偿、发展教育、社会保障等多种途径，成功使所有贫困人口摆脱绝对贫困。

## （四）从治理效果上分析

70多年来，印度在经济、政治、社会等领域取得了显著进步，但与经济快速增长相比，印度贫困发生率并没有同步下降。世界银行数据显示，1981年世界贫困发生率高达41.9%，其中，中国、印度明显高于世界平均水平。但40多年后的今天，中国历史性解决了绝对贫困问题，但饥饿、疾病、贫困问题却未曾远离印度。印度至今仍是世界上贫困人口最多的发展中国家，全球每3个营养不良的孩子中就有1个在印度，印度贫困人口的生存状况令人担忧。特别是新冠疫情大流行使印度贫困问题进一步恶化，贫困人口大量增加，全球新增贫困人口的60%来自印度。印度贫困人口达到1.34亿，是经济衰退之前（5900万）的2倍多，这一结果完全逆转了印度过去10年在消除贫困方面取得的成绩。根据《2022年全球饥饿指数报告》，印度在该报告

---

① Udit Misra, "How China Reduced Poverty and What Lessons It Offers to India", *The Indian Express*, October 10, 2022.

列举的 121 个国家和地区中位列第 107 名，属于"重度饥饿国家"行列。①

　　由于贫困问题自身的复杂性，中国在减贫实践中系统建构了一套相互配合、相互促进的高效贫困治理体系，通过这一体系把中国的制度优势转化为强大治理效能，推动了中国减贫事业最终走向成功。在中国共产党的领导下，我国逐步形成关于贫困治理的领导力量、战略目标、主体力量、动力系统、关键问题、策略方法、运行机制等一系列重大问题的科学认识，为扶贫脱贫提供了基本遵循和科学指引。我国政府出台了大量政策文件，建立了完善的扶贫脱贫政策体系，为贫困地区的发展提供人力、科技、资金等方面的政策扶持；激励各类市场主体参与贫困地区的资源开发和产业发展；增加贫困地区的人力资本存量，培育经济发展后劲；千方百计提高贫困人口的内生发展动力，充分调动其脱贫积极性和主动性；坚持动员全社会参与扶贫，构建了政府、社会、市场协同推进，专项扶贫、行业扶贫、社会扶贫"三位一体"的大扶贫格局，形成了跨地区、跨部门、跨单位、全社会共同参与的多元主体的社会扶贫体系。几乎所有公共部门均参加定点扶贫工作，而且越来越多的社会组织、行业协会、各类企业及个人积极参与扶贫事业，并作出了重要贡献。我们举全党全国全社会之力，最终取得了脱贫攻坚的全面胜利。

---

　　① 《印度 GDP 全球第五,民众为何仍"重度饥饿"》,https://m. guancha. cn/jiangyi1/2022_11_14_666580. shtml。

# 第三章　中国特色减贫道路的世界价值

随着脱贫攻坚战的胜利收官，中国历史性地解决了绝对贫困问题，14亿多人共同迈向全面小康。中国减贫事业取得举世瞩目的历史性成就，得益于我们成功走出了一条中国特色减贫道路。那么，这条道路是否具有世界价值？在全球范围内，对这一问题的认识可谓见仁见智。总体而言，中国减贫事业的成功引发了国际社会的广泛关注和高度认可，但也有一些国外学者和媒体对中国消除绝对贫困的成效和经验进行恶意歪曲甚至否定。从方法论角度看，中国特色减贫道路是否具有世界价值的问题本质上是这条道路是否具有普遍性，或者说，这一道路具有普遍性是其世界意义的哲学表达。因而，从根本上说，要阐明这条道路的世界价值，回答其是否有助于其他国家治理贫困的问题，就要弄清它的普遍性与特殊性及其相互关系。

## 第一节　中国特色减贫道路的特殊性与普遍性

中国特色减贫道路是中国共产党人在长期实践中逐步探索出来的，在人类历史上没有先例可循。一些国外学者往往以惯有的意识形态偏见衡量这一道路。一是对中国减贫的质量、成效提出质疑，比如认为中国现行贫困标准低于国际贫困标准；质疑中国的脱贫项目"耗费高昂""不可持续";认为组织动员农民脱贫致富是"强制劳动",把一些地区的扶贫项目与侵犯人权联系起来;等等。二是将中国减贫成就等同于经济高速增长的必然产物,刻意忽略中国共产党领导下中国减贫政策的重要意义,特别是中国制定的有针对性的减贫战略、制度设计及为减贫付出的巨大努力。三是宣扬"中国特殊论",认为"权威政府"加市场经济是中国减贫成功的前提,不断渲染"中国例外主义""中国减贫模式不可复制"等论调,其实质是片面强调中国减贫道路的"特色",忽视甚至否定其普遍性价值。从方法论角度上看,要回应这些质疑,关键就在于厘清中国特色减贫道路的特殊性和普遍性。

## 一、中国特色减贫道路的特殊性

中国特色减贫道路的特殊性指的是这一道路所特有的、其他国家不具备的一些特征。任何一个国家的减贫道路和模式都蕴含着由本国独特的历史和国情所决定的本国特色,因而必然具有特殊性,中国的减贫道路也不例外,它是中国共产党带领中国人民从我国具体国情出发,在减贫实践中开创出的具有鲜明中国特色的伟大实践成果。"中国特色"是这一道路特殊性的集中表现。要理解这一道路,首先要认清它扎根于中国这片土地,扎根于中国历史与文化,扎根于中国的特殊国情。

中国特色减贫道路发源于中国独特的历史命运。中华民族是饱受苦难的民族,广大劳动群众长期与贫困不懈斗争。到了18世纪中叶,发轫于英国的工业革命使西方资本主义经济走上快速发展的轨道,而同时期中国的经济社会发展十分缓慢。亚当·斯密曾对那一时期中国的社会状况进行过描述:"今日旅行家关于中国耕作、勤劳以及人口稠密状况的报告与500年前旅游该国的马可波罗的比较,几乎没有什么区别。中国下层人民的贫困程度，远远超过欧洲最贫穷国家的贫困程度。"① 为了维持政权稳定，不同时代的当政者也会关注贫困问题，实施了许多试图解决贫困问题的举措，但收效甚微。回顾历史，历代王朝更迭的背后无不与统治者的残酷压迫和剥削有关。到了近代，无数志士仁人也为之不懈奋斗，太平天国运动的农民革命领袖洪秀全颁布了《天朝田亩制度》，试图建立"无处不均匀，无人不饱暖"的理想社会；洋务派发起求强求富的洋务运动，期望通过学习西方先进科技来改变中国的落后面貌；康有为、梁启超等资产阶级改良派试图在中国建立君主立宪式的资本主义，康有为在《大同书》里设想社会物质财富极为丰富后，人们的物质生活和精神生活将会得到充分满足，尽情享受人生之乐趣；孙中山先生提出了"三民主义"，其中的民生就是人民的生活、社会的生存、国家的生计、群众的生命。孙中山在《实业计划》中力图通过振兴实业来帮助国家摆脱贫困状态，让国家经济得到更好的发展，但是，在落后的社会制度下，中国社会贫困问题一直未能得到很好的解决。从1840年鸦片战争到新中国成立这100多年间，中华民族经历了最动荡、最屈辱、最悲惨的时期，帝国主义、封建主义和官僚资本主义的三重压迫和剥削，致使中国经济凋敝、社会动荡、民不聊生。据国际救灾委员会估计，1918年我国东部大约50%的人口和西部大约80%的人口生活水平远低于最低生存水平。② 20世纪50年代的调查发现，我国民族地区在民主改革之前大约有60万人口、10多个民族不同程度地保留着原始公社制度的残余，大约有100万人口的民族地区保持着较为完整的奴隶制度。③ 毛泽东说："中国人

---

① 亚当·斯密著，郭大力、王亚南译：《国民财富的性质和原因的研究》，北京：商务印书馆，1972年版，第65—66页。

② 程恩富、吕晓凤：《中国共产党反贫困的百年探索——历程、成就、经验与展望》，载《北京理工大学学报(社会科学版)》，2021年第4期，第7页。

③ 王大超、马园园：《中国贫困问题的历史分析与三十年反贫困的社会巨变效应》，载《理论探讨》，2008年第5期，第81页。

民的贫困和不自由的程度，是世界所少见的。"① 中国共产党从成立之日起，就把在中华大地上消除贫困、改善民生作为始终不变的追求和使命，接续开展了前所未有的反贫困实践。

中国特色减贫道路立足于中国独特的国情。马克思认为："人们自己创造自己的历史，但是他们并不是随心所欲地创造，并不是在他们自己选定的条件下创造，而是在直接碰到的、既定的、从过去承继下来的条件下创造。"② 可以说，这一既定的条件指向的就是国情。受历史文化、政治条件、经济状况等诸多因素的影响，各国的国情作为一种客观存在，是无法随意选择的。国情的独特性主要体现在一国特有的历史文化条件、特殊的政治经济制度、特定的生产力发展阶段及社会发展程度等方面。我国拥有 14 亿多人口，仍处于社会主义初级阶段的基本国情没有变。我国还是世界上最大的发展中国家，体量之大、人口之多、文明之久、制度之优，在世界上都是独一无二的。然而，在近代百年积贫积弱的历史背景下，我国经济基础差、底子薄、发展不平衡，长期饱受贫困问题困扰。1949 年，中国人均粮食占有量只有208.9 公斤，工业生产几乎是一张白纸，"一辆汽车、一架飞机、一辆坦克、一辆拖拉机都不能造"③。特别是受 1959 年至 1961 年连续三年特大自然灾害影响，中国的粮食产量几乎降到新中国成立以来的最低点。1978 年，我国人均国内生产总值为 381 元，农村贫困发生率非常高。根据世界银行的全球绝对贫困标准，1981 年，中国贫困发生率高达 88.1%。这些数据反映了当时中国的贫困人口规模之大、贫困分布范围之广、贫困程度之深。究其原因，既有历史遗留因素，也有生产力发展水平低、自然条件禀赋差、区域发展不平衡、生态环境恶劣，以及特殊个体性贫困，如因病丧失劳动力、因学致贫等因素，这些都

---

① 毛泽东:《毛泽东选集》(第二卷)，北京:人民出版社，1991 年版，第 631 页。

② 中共中央马克思恩格斯列宁斯大林著作编译局编译:《马克思恩格斯选集》(第一卷)，北京:人民出版社，2012 年版，第 669 页。

③ 中共中央文献研究室编:《毛泽东文集》(第六卷)，北京:人民出版社，1999 年版，第 329 页。

反映了中国国情的特殊性。

　　中国特色减贫道路根植于中国独特的文化传统。一个国家和民族所选择的发展道路，既受到特定经济和政治条件的制约，也深受其独特历史文化传统的影响。作为中华民族绵延不绝的重要精神支柱，中华文明能够源远流长、生生不息，并在当代进一步迸发出强大生命力和影响力，其深层原因就在于中华文化传统的独特优势。自古代起，我们的祖先在与自然和贫穷的抗争中，就表达了对摆脱贫困、过上富裕生活的憧憬。早在春秋战国时代，孔子主张"博施于民而能济众"，孟子提出"养生丧死无憾，王道之始也"，倡导在发展经济的基础上积极教化引导民众，实现"数口之家可以无饥""颁白者不负戴于道路""黎民不饥不寒"。除了儒家的民本、大同思想外，墨家的兼爱思想也对民众贫困问题进行了深入探究。墨子从平民的立场出发，提倡以兼爱代替差别，消弭社会上的苦难，并描绘了一个没有剥削、没有战争、平等劳动的理想社会模式。然而，当统治阶级横征暴敛，生活在社会底层的农民终日劳碌仍食不果腹、生存艰难时，就会为了摆脱贫困、反抗阶级压迫揭竿而起，比如：农民起义领袖陈胜、吴广立下了"苟富贵，毋相忘"之约；宋朝王小波宣布"吾疾贫富不均，今为汝辈均之"；明末李自成首次把"均田免粮"作为起义军的纲领；等等。为了维护自身的统治地位，封建统治者也会采取一些扶贫济困的举措，如：遇到饥荒之年，官府会救济灾民，汉朝有"常平仓"制度；隋朝有义仓；到了清朝，除了"义田"，还设有养济堂、育婴堂、普济堂等机构。可见，数千年来，中华优秀传统文化中蕴含着丰富的消除贫困的思想理念，在实践中，这些扶贫济困、乐善好施的优良传统得以代代相传。

　　中国共产党人不仅积极发展和引领中国先进文化，还注重在治国理政过程中吸收、运用中华优秀传统文化。在百余年奋斗历程中，中国共产党团结带领中国人民向贫困宣战，为创造中国人民的美好生活而不懈奋斗，正是忠实传承和弘扬中华优秀传统文化的真实写照。中国特色减贫道路就是从延续数千年的中华优秀传统文化中走出来的，其中，"因民之利"的现实考量、"富而后教"的施政方略、"天下一家"的情怀追求、"天下为公"的社会理想，是最为鲜明的内涵，这些思想熔铸于中国特色减贫道路的精神与血脉之中。① 可以说，走中国特色减贫道路既是重大的政治选择，也是文化意义上的必然。

## 二、中国特色减贫道路的普遍性

中国特色减贫道路世界价值的方法论基础在于这一道路的普遍性，即它在解决人类社会贫困问题方面所形成的带有共通性的价值或启示。中国作为古老的东方大国，其内嵌于自身政治制度和国家治理模式之中的减贫模式一定有其独特性。长期以来，学术界在这一道路或模式的特殊性研究方面形成了广泛共识，对其"中国特色"给予高度认同。但这一道路是否具有普遍性？普遍性是什么？怎样实事求是、恰如其分地看待这种普遍性？如何认识二者之间的关系？这些问题还需进一步回答。强调中国特色减贫道路的特殊性与承认其蕴含的普遍性并不矛盾。评价一国减贫道路是否具有普遍性即世界价值，一般应满足四个方面的标准：一是这条减贫道路本身是成功的，能让本国取得很好的减贫成效；二是对世界减贫事业做出重要贡献；三是能经得起历史的检验；四是对其他国家具有借鉴或启发意义。

面对世界各国共同存在的减贫难题，中国的减贫道路为什么能成功？究竟是什么原因让一个贫困落后的国家在短短40多年中迅猛发展，历史性地解决了绝对贫困问题？中国减贫成功的背后一定有某种规律性的东西，或者说中国"一定做对了什么"。越来越多的人希望通过研究中国特色减贫道路，发现其中的规律。把这个"做对了的东西"挖掘出来，在一定程度上就揭示出了中国特色减贫道路的普遍性。中

---

① 王永祥、华霄珂：《中国特色减贫道路的传统文化意蕴》，载《西藏发展论坛》，2020年第6期，第67页。

国特色减贫道路的普遍性至少表现在两个方面：一方面，它包含着人类千百年来希望摆脱贫困的共同价值追求；另一方面，这一道路所蕴含的减贫理念、思路、制度、机制、政策、策略、经验、方法论等要素对于其他国家解决贫困问题具有适用性和有效性。

中国特色减贫道路蕴含着人类对于美好生活的共同价值追求。古往今来，过上富裕和幸福生活始终是人类孜孜以求的梦想。然而，贫困一直是人类社会的顽疾，是全世界面临的共同挑战。经过40多年的共同努力，全球贫困人口已经由1981年的19.16亿人降至2019年的6.32亿人，世界减贫效果可谓突出。① 与此同时，我们必须正视全球减贫任务仍然十分艰巨的客观事实。根据联合国发布的《2021年可持续发展目标报告》，2020年，全球陷入贫困的人口数量增加1.2亿左右，全球贫困人口总数约8亿人左右。从分布态势看，这些贫困人口主要集中在南亚和撒哈拉以南非洲地区。当前，世界贸易保护主义抬头，逆全球化暗流涌动，地区冲突引发的难民危机、恐怖主义等全球性挑战进一步加剧，全球性区域发展不平衡，生态环境危机及粮食短缺等问题更加突出，世界减贫事业依然面临严峻的挑战。在此背景下，中国特色减贫道路的成功不仅满足了14亿多中国人的美好期盼，也为实现人类共同追求带来了希望。

第一，中国特色减贫道路的根本实践价值就体现于把人民对美好生活的向往作为前进目标和方向。从团结带领广大农民"打土豪、分田地"，实行"耕者有其田"，到组织人民自力更生、发愤图强、重整山河，再到改革开放以来，实施大规模、有计划、有组织的开发式扶贫，中国共产党始终牢记初心使命，团结带领中国人民为创造美好生活进行长期艰苦奋斗。习近平总书记强调："在脱贫攻坚实践中，党中央坚持人民至上、以人为本，把贫困群众和全国各族人民一起迈向小

---

① 张琦：《全球减贫历史、现状及其挑战》，载《人民论坛》，2021年第11期，第17页。

康社会、一起过上好日子作为脱贫攻坚的出发点和落脚点。"① 始终坚持以人民为中心，全心全意为人民服务，发挥人民群众首创精神，中国共产党的这些信念和宗旨完全融入了中国特色减贫道路的形成过程。

第二，中国特色减贫道路遵循人类社会发展的基本规律。在推进中国减贫事业的进程中，中国共产党始终坚持马克思主义基本原理，强调解放和发展生产力，持续夯实减贫的物质基础，从根本上破解贫困难题，并根据不同时期的发展实际做好顶层设计，通过实施切实有效的减贫政策不断推进减贫事业，并不断巩固减贫成果，在很大程度上预防了脱贫人口返贫，使得我国的减贫过程真实且扎实，经得住时间和实践的检验。

第三，中国特色减贫道路致力于消除两极分化，实现共同富裕，实现真正的公平正义。公平正义是衡量社会文明进步的重要尺度，是全人类的共同价值追求。从根本上看，贫困问题不只是社会民生问题，其实质反映了社会的公平正义。马克思主义认为，实现社会公平正义的基本条件，就是整个社会实行生产资料公有制，发展生产力，消灭工农之间、城乡之间、体力与脑力劳动之间的差别。贫困的产生和存在不仅是因为生产力和社会发展水平落后，还在于机会、权利等社会价值没有得到充足的供给和保障。因而，社会主义在本质上要求消除贫困、改善民生，最终实现共同富裕。新中国成立以来，我国的扶贫减贫工作不断推进，特别是通过改革开放40多年来的奋斗，部分地区已率先富起来，在此基础上，我们坚持"以先富带后富"，确保共同富裕的路上"一个都不能少"。党和政府立足本国国情，把人民的生存权、发展权放在首位，致力于减贫脱贫，将妇幼、老年人、残疾人、少数民族等特定群体中的贫困人口作为重点帮扶对象，努力保障和改善民生，在全面保障贫困人口的经济、社会、文化权利的同时，发展

---

① 《中共中央政治局常务委员会召开会议 听取脱贫攻坚总结评估汇报》，载《人民日报》，2020年12月4日，第1版。

各项社会事业，使发展成果更多更公平惠及全体人民，保障人民平等参与、平等发展的权利，有力维护了社会公平正义。

第四，中国特色减贫道路的普遍性还体现在这一道路蕴含的具体做法及经验上。中国的减贫举措和经验及其背后的方法论意涵对其他国家特别是希望摆脱贫困的广大发展中国家具有启发、借鉴和参考作用。比如，坚持改革开放，保持经济长期持续增长，为国家实施减贫战略、动员全社会力量有针对性地解决贫困问题提供了必要的物质条件；制定一系列有利于低收入群体发展的政策，建立了完备的政策框架及体系；根据发展阶段及贫困人口特征制定和调整减贫战略，形成区域发展与扶贫开发的良性互动；渐进式地推进农村社会保障体系的建立与完善，为满足贫困人口基本生存需求提供制度保障；等等。① 这些举措及其背后的方法论具有一定的普遍意义，能够为其他国家尤其是发展中国家解决减贫过程中遇到的一些难题提供参考借鉴。

综上所述，中国特色减贫道路的普遍性不仅体现为其遵循马克思主义基本原理、顺应人类社会历史发展规律、符合时代发展要求，而且体现为对人类减贫未来趋向的启示作用。这一道路的意义实际上已超出了中国的地域范围，在一定程度上呈现出了对全球贫困治理的普遍价值，为其他国家和地区探索适合自己的减贫之路提供了新的方法和思路。

中国特色减贫道路的普遍性对于构建中国扶贫话语体系具有重要意义。贫困问题是人权与发展两大重要领域的世界性难题，反贫困领域话语权在全球话语格局中占有十分重要的位置。客观地看，西方发达国家依靠先发优势，在反贫困领域占据着一定的国际话语权优势，它们受历史传统、意识形态等因素的影响，往往对中国存在偏见，质疑中国减贫事业的显著成就，恶意曲解共建"一带一路"倡议框架下的国际减贫合作，妄图破坏中国在国际减贫领域的良好声誉。2019

---

① 黄承伟：《习近平扶贫重要论述与中国特色减贫道路的世界意义》，载《当代世界》，2021年第6期，第8页。

年，诺贝尔经济学奖授予了阿比吉特·班纳吉、埃斯特·迪弗洛和迈克尔·克雷默基三位经济学家，表彰他们在贫困研究中运用实验性方法所取得的成绩，却对中国实施精准扶贫、精准脱贫基本方略所取得的巨大成就及大量理论研究成果视而不见。一般而言，反贫困领域涉及意识形态及国际利益分配的内容较少，对中国而言，反贫困领域是提升国际话语权的突破口之一。因此，扭转中国在全球贫困治理中的国际话语权与减贫事业取得的巨大成就不对称的局面，将中国的减贫事迹进行理论阐释并有效传播，特别是把中国减贫道路的成功经验转变为普遍概念和理论范式，对于有效回击西方的种种不实之词，赢得反贫困领域国际话语权至关重要。

## 第二节　中国特色减贫道路是普遍性与特殊性的辩证统一

唯物辩证法认为，任何事物都是特殊性与普遍性的有机统一。特殊性一般而言比较容易认知，普遍性则往往需要利用抽象思维来把握。普遍性与特殊性的辩证统一关系要求我们认识事物时既要把握其共同本质，发现普遍规律，也要弄清事物之间相区别的特殊本质，从中更好地发现事物发展的内在规律。因此，我们既要认识特殊性和普遍性，又不能只强调特殊性或普遍性，必须回到坚持特殊性与普遍性的辩证统一上来。在辩证法视野下，中国特色减贫道路的特殊性与普遍性同样不是处于相互独立、相互分离的状态，而是相互贯通、有机统一的。

### 一、中国特色减贫道路的普遍性内含于特殊性之中

中国特色减贫道路蕴含着人类共同的价值追求，蕴藏着解决贫困问题的中国方案和中国智慧，但这一普遍性并非独立地、显性地存在，而是隐藏于中国特色减贫道路的特殊性之中。

一方面，中国特色减贫道路的普遍性不是孤立存在的，是立足中国独特的发展境遇和基本国情，在有计划、有组织的减贫实践中走出

来的。中国共产党人始终抓住摆脱贫困这一主题，进行了艰苦卓绝的探索，在物质、理论、制度、精神层面取得了一系列重大成果，走出了一条符合自身国情、有效解决贫困问题的独特道路。另一方面，中国特色减贫道路的普遍性不是轻而易举就能把握的。从认识规律看，人类认识事物从一个具体（特殊）的事物或者现象开始，然后从这个具体（特殊）的事物或现象里面归纳出事物的一般规律，人类就是在这样的循环往复中实现认识的不断深化。中国特色减贫道路中蕴含的普遍性，比如强大的政治领导力、坚持以人民为中心的发展思想、动员全社会力量、倡导国际合作等，都是中国共产党带领全国人民在数十年的减贫实践中不断提炼总结并得到反复验证的成功经验，也经得起实践和历史的检验。

中国特色减贫道路的普遍性是内含于中国特殊性之中的普遍性，而不是人为强加的所谓"普遍性"。换句话说，是特殊性内生的普遍性，而不是外在于特殊性的普遍性。毫无疑问，中国减贫理念、减贫智慧在一定程度上体现了中国对人类贫困问题的思考和对贫困治理的贡献，能够更好地助力世界减贫与发展，为构建人类命运共同体贡献中国力量，但无论如何这些都不能脱离中国的特殊国情和独特实践，更需要深入中国减贫过程中来把握。比如，西方国家在评判中国减贫道路或模式时就存在一种普遍主义的误区。在现行国际秩序下，西方国家习惯于强调西方模式的普世性，用西方价值定义其他国家的发展路径或减贫路径，从而深陷于抽象的普遍主义陷阱。众所周知，中国取得减贫成功有自身的制度性原因，比如坚持党的领导、做好顶层设计、政府主导制定减贫战略计划、具体政策由点到面有序推进等等，这些也是中国减贫经验的核心内容。然而，在一些国外媒体的表述中，中国减贫成就却是遵循新自由主义经济政策的结果，是中国采取西方市场经济模式的功劳，将中国减贫成就等同于这种模式下经济高速增长的产物，通过放大市场因素在促进中国减贫中的作用，刻意降低政府主导下的减贫制度及政策的重大意义。再如，英国广播公司抹黑中国的扶贫工作，刻意回避中国政府和基层干部付出的巨大努力，将扶贫工作的成绩归结为"发展资本主义、摆脱计划经济"，意图抹杀中国的制度先进性和优越性。归根结底，身处普遍主义陷阱的西方国家不愿也不能承认中国减贫成功背后的制度优势，学习和借鉴中国减贫经验更是无从谈起了。

在辩证法视野下，一方面，我们要用全面的眼光看待中国特色减贫道路。实践证明，没有任何一条道路、任何一个模式是放之四海而皆准的，中国减贫道路也是如此。不同国家的发展道路、减贫道路应相互借鉴和学习，如果过于强调中国的道路和经验对其他国家的普遍适用性，可能会适得其反，就像西方现在所做的一样，在实践中有百害而无一利。中国的减贫道路有鲜明的中国特色，这一特殊性决定其他国家不应照抄照搬，而需要在学习、借鉴、吸收中国经验和方法时，与本国实际相结合，因时、因地、因事探索适合自身国情的减贫模式和道路。因而，我们要充分看到中国特色减贫道路蕴含的普遍性意义，同时，不能将这种普遍性上升到脱离特殊性的绝对普遍主义。另一方面，我们要用发展的眼光看待中国的减贫道路。在短短40余年中，中国减贫事业取得了举世瞩目的成就，积累了很多成功经验，产生了深远的世界影响，这一道路因而具有世界价值和意义。同时要看到，脱贫摘帽不是终点，而是新生活、新奋斗的起点，未来还有很多新问题亟待解决，还有很多经验需进一步总结。也就是说，中国特色减贫道路蕴含的经验本身存在一个发展变化和丰富的过程，应注意其适用范围和条件。

## 二、中国特色减贫道路的特殊性中包含普遍性

我们强调中国特色减贫道路的特殊性，与承认这一道路蕴含的普遍性并不矛盾。任何事物存在总是要符合同类事物的一般规律，即便是极为特殊的事物也会和其他同类事物有共通之处。一言以蔽之，特殊性中必然包含普遍性。虽然中国特色减贫道路本身具有的特殊性有

时也表现为内生性、民族性和地域性，但也要看到，这一道路的特殊性中必然蕴含着超出一国范围的普遍性意义。中国特色减贫道路的形成不是例外或偶然，肯定有其内在必然性。这种必然性和规律性在整体上表现为普遍性。换言之，偶然性背后的必然性、特殊性背后的普遍性、复杂性背后的规律性，恰恰是更需要我们关注的。无论中国国情如何特殊，这条道路都需要遵循人类社会发展的基本规律，都需要顺应时代和世界发展的潮流才能获得成功。当前全球贫困治理形势依然严峻，甚至在部分国家和地区，贫困状况呈现进一步恶化的趋势，在此背景下，中国特色减贫道路创造了人类贫困治理的中国样本，赢得了国际社会广泛赞许。

对于像中国这样拥有14亿多人口的发展中国家而言，贫困规模之大、分布之广、程度之深世所罕见，在超高难度的贫困治理中探索出来的道路必然是极为特殊的，但作为回应人类共同面对的难题走出来的这条道路同样属于世界。就贫困治理的主体、内容、路径及影响来看，中国与世界其他国家和地区具有相通性。比如，中国实现了快速发展与大规模减贫同步、经济转型与消除绝对贫困同步，这对于亚洲、非洲、拉丁美洲等地区希望摆脱贫困而尚未实现目标的广大发展中国家具有一定借鉴意义。事实胜于雄辩，中国国际减贫合作的成功实践进一步表明中国的减贫经验具有一定普遍性和推广价值。例如，中国在亚洲地区与老挝、柬埔寨、缅甸三国共同开展东亚减贫示范合作技术援助项目；在非洲地区通过援建水利基础设施和职业技术学校，打造农业合作示范区；在南太平洋地区开展基础设施建设和农业、医疗等技术合作援助项目；在拉美地区援建农业技术示范中心；等等。中国的减贫经验、减贫方案走向世界，助力广大发展中国家和地区民众摆脱贫困。

从辩证法的视角看，同样不能过于强调中国特色减贫道路的特殊性而忽略其普遍性。依据马克思主义唯物辩证法，世界上不存在两个完全相同的事物，不同国家的国情千差万别，各国的减贫模式和方法也不尽相同。中国特色减贫道路包含的很多中国元素和中国特点，是其他国家所不具有的。正确认识中国特色减贫道路，尊重其特殊性是根本前提和保证。但是，我们也不能无限放大这样的独特性，过分强调特殊性，轻视甚至无视其共性，进而落入特殊主义的话语陷阱之中，诸如西方国家渲染的"中国例外主义""中国减贫模式不可复制、不可持续"等。

中国减贫事业取得的巨大成功促使国际社会越来越多地关注和研究中国特色减贫道路，学习借鉴中国减贫的成功经验。但一些西方学者和媒体仍对中国的减贫政策、措施、效果及取得成就的原因等进行否定、质疑、歪曲及抹黑。在一些西方人士看来，只有在西式民主框架下的减贫才具有普遍性。因此，在探讨中国减贫成就时，西方一些国家就常常将其视为特例置于西方民主模式的对立面。比如，英国剑桥大学学者大卫·朗西曼认为："在此期间（指 20 世纪 80 年代以来），与民主国家印度相比，非民主的中国在减贫与提升人均寿命上取得了更加令人瞩目的进步。"[1] 在他看来，减贫也分"民主"与"非民主"，正如其文章标题《中国对民主的挑战》所示，虽然作者认为中国减贫成就突出，但这显然不是为了赞美"非民主"的中国比"民主"的印度更值得学习。

也有一些西方媒体对中国消除绝对贫困的事实"鸡蛋里挑骨头"，片面强调中国特色减贫道路的特殊性。一种观点认为，中国之所以能完成消除绝对贫困的任务，是因为"设置的贫困标准太低"。有美国媒体拿美国的贫困标准来贬低中国的减贫成就，称美国有 4000 万人处于贫困状态，那是因为美国的贫困标准定得比较高，单身者年收入低于 1.27 万美元，四口之家年收入低于 2.62 万美元才能算作贫困。这是一种简单粗暴且极易混淆视听的说法，因为他们刻意混淆中美两国基本国情和发展阶段的差异，忽略两国货币购买力差异，更是看不到中

---

[1]  David Runciman, "China's Challenge to Democracy", *Wall Street Journal*, Eastern Edition, Vol. 4, 2018.

美贫困标准本身内涵的差异（中国的脱贫标准是一个综合性的标准，不仅收入上要高于世界银行制定的全球绝对贫困标准，还包含了"两不愁三保障"等要求）。还有一种观点是夸大中国一些具体减贫举措的特殊性，进而否定中国减贫成果的可持续性，得出中国减贫经验不具备推广意义的结论。2020年12月31日，《纽约时报》记者布拉德舍发表了一篇题为《工作、房子和牛：中国为消除极端贫困付出高昂代价》的文章。虽然文章开篇介绍了中国政府给贫困村民免费提供母牛、帮忙修路、造新房和向雇佣贫困人口的民营企业提供补贴等扶贫措施，但实际上，这篇文章的主要目的却是强调中国的减贫举措太"另类"了，不可持续，作者用西式思维方式和自身经验得出中国减贫举措代价太高、不可持续的结论，从而否认中国特色减贫道路的经验价值和普遍意义。

此外，还有一个现象也值得我们关注：改革开放以来，中国近8亿农村贫困人口摆脱贫困，减贫人数超过欧洲人口总数，占全球减贫人口总数的70%以上，创造了人类减贫史上的奇迹，很多发展中国家都公开表示要借鉴中国减贫经验。但西方一些贫困问题研究者却很少采用中国样本和中国经验，甚至对中国减贫的做法和经验"视而不见"。与此相矛盾的是，西方国家又期待中国尽可能多地承担起国际责任和义务，与西方国家一起维护现有的国际体系，比如在国际减贫、气候变化等方面发挥更大的作用。

任何国家的减贫道路或模式都脱离不了各自国家的历史、文化、社会及政治遗产，只是不能违背辩证法，把个性推到极端，从而否认共性的存在。

### 三、中国特色减贫道路的特殊性与普遍性在一定条件下可相互转化

毛泽东在《矛盾论》中指出："在一定场合为普遍性的东西，而在另一场合则变为特殊性。反之，在一定场合为特殊性的东西，而在另

——定场合则变为普遍性。"① 中国特色减贫道路的特殊性与普遍性在一定条件下也是可以相互转化的。纵观人类减贫史，不同时期对贫困的认知和理解会受到生产力发展水平、经济社会发展状况、思想文化观念演变等因素的影响和制约，从而在减贫实践中形成了一系列富有鲜明时代特点的贫困治理理念、举措及制度。总体而言，人类的减贫经历了农业文明阶段的以防治饥荒为核心、工业革命以后以保险和福利为核心、第三次工业革命以后以经济增长为核心、20世纪70年代以来市场化改革与国家推动相结合的减贫阶段，其间积累了大量的宝贵经验。② 中国特色减贫道路正是在和平与发展的时代主题下，在全球化的语境中，通过实现现代化不断解决本国的贫困问题。从这条道路的形成与发展进程中不难看出，中国减贫的地方性实践既遵循了工业化初期利用国家计划和农业原始积累推动工业化的发展路径，也顺应了市场要素配置促进社会经济转型的基本规律，充分借鉴和吸收了人类已有减贫与发展经验。改革开放以来，中国逐步把国际上的先进减贫理念和方法，例如参与式扶贫、小额信贷、项目评估和管理、贫困监测评价等，应用于中国扶贫实践中，在创新扶贫开发机制、提高扶贫工作水平、开发扶贫人力资源等方面产生了积极效果。③ 我国利用世界银行的资金支持，合作开展了多个试点与探索项目，特别是"社区主导型发展"和"社区发展基金"的引进和试点，进一步创新了我国的扶贫开发机制，如综合性扶贫开发模式、以村级规划为平台建立农户广泛参与的机制、贫困监测系统建设等。④

作为最大的发展中国家，中国基于本国国情探索出的独特减贫道路，对于一般的发展中国家而言表现为特殊性，比如，坚持社会主义

---

① 毛泽东:《毛泽东选集》(第一卷)，北京:人民出版社，1991年版，第318页。

② 张琦:《全球减贫历史、现状及其挑战》，载《人民论坛》，2021年第11期，第16页。

③ 《中国减贫离不开国际社会的支持 也为国际减贫提供借鉴》，http://www.gov.cn/govweb/2014-12/15/content_2791164.htm。

④ 《在合作中创新 在创新中发展——世界银行与中国扶贫合作记略》，http://www.mof.gov.cn/zhuantihuigu/cw30/cfwzc/201009/t20100906_337639.htm。

根本制度，坚持党的领导，有效发挥中央统筹、省负总责、市县抓落实的工作机制，形成跨地区、跨部门、跨单位、全社会共同参与的社会扶贫体系，等等，但换个角度看，中国减贫实践中蕴藏的一些做法、经验及方法论原则对那些希望加快发展、摆脱贫困的国家和民族来说，具有很多借鉴价值和启发意义，这又表现为普遍性。2016年5月17日，习近平总书记强调："解决好民族性问题，就有更强能力去解决世界性问题；把中国实践总结好，就有更强能力为解决世界性问题提供思路和办法。这是由特殊性到普遍性的发展规律。"①因此，我们在解读中国特色减贫道路的过程中，要尽可能揭示其理论依据及基本逻辑，目的是让世界各国在减贫经验的交流互鉴中获取有益于自身发展的积极元素，探索出行之有效的本土化减贫模式。

总而言之，无论是中国特色减贫道路形成与发展的进程，还是其具体内容，都体现出特殊性与普遍性的辩证统一，就其影响和价值而言，必然是世界意义与中国意义的高度统一。因此，我们不能仅从单一视角来审视这一道路，在特殊性和普遍性相互贯通的基础上，中国特色减贫道路的世界价值更能得以充分彰显。

---

① 习近平:《习近平谈治国理政》(第二卷),北京:外文出版社,2017年版,第340页。

# 第四章　中国特色减贫道路的世界意义

## 第一节　中国减贫理念

理念是行动的指引和先导。发展理念正确，目标任务和政策举措在正确理念指导下就比较容易确定。中国共产党人秉承人民中心、共享发展和精准扶贫的理念，引领中国减贫实践取得了伟大成就。

### 一、坚持人民中心的减贫理念

中国共产党为什么能？其中最重要的一点就在于我们党始终坚持以人民为中心的发展思想。纵观中国共产党成立以来的百余年历史进程，为人民谋幸福的初心一直未变。在革命年代，中国共产党深入工农群众，发起一系列武装起义，选择井冈山道路，开展土地革命，这一切都是为了改变中华民族和中国人民的命运。而今，中国共产党带领人民集中力量进行经济建设，发展生产力，都是为了带领人民摆脱贫困，让全体人民过上好日子。中国共产党始终坚持发展为了人民、发展依靠人民，将以人民为中心的发展思想贯穿治国理政的全过程。新中国成立以来，特别是改革开放以来，中国政府把反贫困纳入国家战略和国家发展规划，20 世纪 80 年代制定了"三步走"发展战略，提出了"两个大局"的战略构想，国家有计划、有组织地开展大规模的扶贫开发。到了 90 年代，在总体上解决温饱问题的基础上，党中央提出了"新三步走"发展战略，确定了从温饱、总体小康到全面建成小康的奋斗目标。进入 21 世纪，中国的扶贫开发从以解决温饱为主要任务的阶段转入巩固温饱成果、加快脱贫致富的新阶段。随着新时代全面建成小康社会进入倒计时，中国减贫事业也进入脱贫攻坚阶段，而消除绝对贫困是实现全面小康的底线任务。为了完成脱贫攻坚任务，以习近平同志为核心的党中央将其纳入"五位一体"总体布局和"四个全面"战略布局，脱贫攻坚成为从中央到地方各级政府工作的重要内容。到 2020 年年底，中国如期完成新时代脱贫攻坚目标任务，在中华大地彻底消除了绝对贫困。

中国特色减贫道路坚持减贫为了人民、减贫依靠人民。坚持以人民为中心的发展思想不仅体现在中国共产党贫困治理的顶层设计中，更体现在制度安排、政策设计的各个环节中，落实在减贫的具体实践中。贫困群体是减贫的生力军，需要不断激发贫困群体的内在动力，增强他们为摆脱贫困而不懈奋斗的信心和能力。通过开展东西部地区之间的对口支援、党员干部带头结对帮扶贫困家庭、开展"万企帮万村"行动等等，更多的资源向贫困地区倾斜，更多的企业在贫困地区耕耘，汇聚起全民参与脱贫的磅礴力量，推动我国减贫事业凯歌行进。改革开放 40 多年来，特别是党的十八大以来，贫困地区经济快速发展，贫困人口收入显著提高，长期困扰贫困人口的饮水、出行、就医、教育、通讯、环境等急难愁盼问题得到了有效解决。正如习近平总书记在全国脱贫攻坚总结表彰大会上所指出的："我们始终坚定人民立场，强调消除贫困、改善民生、实现共同富裕是社会主义的本质要求，是我们党坚持全心全意为人民服务根本宗旨的重要体现，是党和政府的重大责任。"[1] 我国的减贫实践充分证明，坚持一切为了人民、一切依靠人民，尊重人民群众的首创精神，激发人民群众的内生动力，对

---

[1]　习近平:《在全国脱贫攻坚总结表彰大会上的讲话》,载《人民日报》,2021 年 2 月 26 日,第 2 版。

人民群众创造美好生活至关重要。

中国减贫实践表明了只有坚持以人民为中心，才能激发人民群众的主观能动性，打破了资本逻辑的魔咒，为其他国家的反贫困实践树立了典范。资本主义制度下的自由市场经济以资本为中心，生产的目的是榨取更多的剩余价值，而不是满足人民群众日益增长的物质文化需要、实现社会成员的共同富裕，因而也无法从根本上实现个人利益和整体利益、当前利益和长远利益的统一。在市场经济条件下，资本固有属性难以改变。当投资活动遇到边际效益递减时，通常的做法就是停止继续投入，或者转向其他更能盈利的领域。中国共产党没有把扶贫工作看作一般的经济工作或社会工作，而是看作关系到党的初心使命和性质宗旨的大事，将减贫放在治国理政的突出位置，以坚定不移的信念和意志，团结带领人民与贫困作斗争。通过大规模扶贫开发，汇聚各方强大合力，激发贫困群众内生动力来摆脱贫困。这一切当然不是能用物质生产领域的资本投资规律来衡量的。在贫困治理中奉行资本至上的国家，无论是发达国家还是发展中国家，普遍面临着边际效益递减的规律，对于那些致贫因素复杂、贫困程度较深的群体，由于减贫成本更高、脱贫难度更大，绝大多数发展中国家及一些发达国家都难以攻克这个贫困堡垒。世界粮食计划署驻华代表屈四喜在第二届可持续发展论坛上指出，中国的扶贫成果是对全球减贫事业的巨大贡献，也为世界其他国家树立了典范。在他看来，中国减贫成功的密码在于在减贫事业中始终贯彻以人民为中心的发展思想，坚持政府主导，推动体制机制创新，促进全社会广泛参与。①

中国减贫实践表明，真正把人民利益放在第一位，减贫才会有不竭的动力、明确的方向和可行的方法，这为人类减贫事业提供了宝贵的价值引领。2021 年 9 月，习近平总书记提出全球发展倡议，指出："坚持以人民为中心。在发展中保障和改善民生，保护和促进人权，做

---

① 白紫微：《为全球减贫事业注入信心和力量》，载《人民日报》，2021 年 11 月 15 日，第 17 版。

到发展为了人民、发展依靠人民、发展成果由人民共享，不断增强民众的幸福感、获得感、安全感，实现人的全面发展。"① 在减贫实践中，只有坚持人民中心的减贫理念，才能创造人人参与、人人享有的良好发展环境，促使全球现有发展及减贫合作机制协同增效，才能真正破解各个国家和地区之间发展不平衡问题，促进全球均衡、可持续发展，为构建人类命运共同体开辟道路、创造条件；只有坚持人民中心的减贫理念，才能够直面贫富差距、发展鸿沟等全球性问题，才能真正做到让世界各国的贫困人口普遍受益。泰国执政联盟之一、民主党领导人巴林·帕尼查帕表示，中国解决贫困问题的战略是很好的实践，并取得了实际效果，泰国政府应学习这些长处并运用到本国国内，特别是中国减贫工作以人民为中心，关注的是最贫穷、最弱势的群体。他指出，泰国需要重视保护儿童、妇女、老人等弱势群体权利，以建立平等、促进社会公平，这要与创造工作岗位、平衡各地区收入等举措一起推进，比如向在出生地创业的人提供资金、设立农业发展基金等。② 土耳其《光明报》主席阿考齐认为，中国的成功鼓舞了其他发展中国家。总结起来，中国的经验主要是构建重视人的价值的社会体系，形成为人民而工作的强有力的领导，塑造为了共同目标而凝聚在一起的人民群众。正是以上因素促进了中国的经济发展和社会稳定，让中国在疫情下依然如期完成了减贫工作。③

## 二、坚持共享发展的减贫理念

共享发展理念符合马克思主义的基本原则，也体现了中华民族几千年来的美好愿望。按照马克思和恩格斯的设想，未来的共产主义社会要消灭"三大差别"，实行各尽所能、按需分配，每个人都实现自由

---

① 习近平：《坚定信心 共克时艰 共建更加美好的世界——在第七十六届联合国大会一般性辩论上的讲话》，载《人民日报》，2021 年 9 月 22 日，第 1 版。

② 付志刚、冯源：《中国减贫工作以人民为中心——海外人士高度评价〈人类减贫的中国实践〉白皮书》，载《光明日报》，2021 年 4 月 9 日，第 11 版。

③ 同②。

而全面的发展。在中国传统社会中，人们不患寡而患不均，希望实现没有阶级差别和贫富差别的"大同"社会。中国共产党人继承了中国传统社会理想，在马克思主义指导下，找到了实现"大同"社会的科学路径。新中国成立后，中国确立了社会主义制度，为当代中国走向富强奠定了制度基础。毛泽东同志指出："这个富，是共同的富，这个强，是共同的强，大家都有份。"① 改革开放后，邓小平指出："社会主义不是少数人富起来、大多数人穷，不是那个样子。社会主义最大的优越性就是共同富裕，这是体现社会主义本质的一个东西。"② 江泽民指出，我们党要始终代表中国最广大人民的根本利益，就是党的理论、路线、纲领、方针、政策和各项工作，必须坚持把人民的根本利益作为出发点和归宿，充分发挥人民群众的积极性主动性创造性，在社会不断发展进步的基础上，使人民群众不断获得切实的经济、政治、文化利益。③ 胡锦涛提出，把共同建设、共同享有和谐社会贯穿于和谐社会建设的全过程，真正做到在共建中共享、在共享中共建。④ 习近平总书记在党的十八届五中全会提出了创新、协调、绿色、开放、共享的新发展理念。坚持共享发展，必须坚持发展为了人民、发展依靠人民、发展成果由人民共享，作出更有效的制度安排，使全体人民在共建共享发展中有更多获得感，增强发展动力，增进人民团结，朝着共同富裕方向稳步前进。⑤

共享发展理念既体现了党的执政理念的传承，也体现了党不断与时俱进，实现发展理念的深刻变革。新时代，我国经济社会发展成就巨大，但发展中也存在一些突出问题，比如我国经济总量居世界第二位，人民生活水平显著提升，但城乡区域发展差距、社会贫富差距尚未得到有效解决。随着人民群众对公平正义的诉求日益提升，在迈向

---

① 中共中央文献研究室编：《毛泽东文集》(第六卷)，北京：人民出版社，1999年版，第495页。
② 邓小平：《邓小平文选》(第三卷)，北京：人民出版社，1993年版，第364页。
③ 江泽民：《江泽民文选》(第三卷)，北京：人民出版社，2006年版，第279页。
④ 《在共建中共享 在共享中共建》，载《人民日报》，2007年3月9日，第5版。
⑤ 《中共十八届五中全会在京举行》，载《人民日报》，2015年10月30日，第1版。

第二个百年奋斗目标的征程中，如何解决这些问题成为坚持和发展中国特色社会主义的重要任务。

中国特色减贫道路的成功开拓离不开共享发展理念的指引。中国特色减贫道路体现了全民共享，使贫困人口全部摆脱绝对贫困，没有让一个贫困户"掉队"，确保全体人民共享全面小康成果，共同踏上全面建设社会主义现代化国家的新征程；中国特色减贫道路体现了全面共享，在经济、政治、文化、社会、生态等多个领域全面发力，使贫困人口衣、食、住、行及医疗教育等方面有保障，共享我国经济社会发展成果；中国特色减贫道路体现了共建共享，通过政府、市场、社会和贫困人口的上下联动、内外合力，形成了人人参与、人人享有的扶贫格局，使全体人民在共同推动我国减贫事业中有更多获得感；中国特色减贫道路体现了渐进共享，根据不同时期、不同地区经济社会发展状况有步骤地推进减贫工作，不断朝着共同富裕的目标循序渐进。共享发展不只是理念，而且有实实在在的内容。党的十八大以来中国经济社会发展成就显示，我国城乡居民收入相对差距逐步缩小。2021年，全国居民人均可支配收入35 128元，比2012年增加18 618元，年均名义增长8.8%，扣除价格因素，年均实际增长6.6%。其中，2021年，城乡居民人均可支配收入之比为2.50（农村居民收入＝1），比2012年下降0.38，城乡居民收入相对差距持续缩小。① 党和政府带领人民践行共享发展理念，持续推进扶贫脱贫，也为我国缩小收入差距注入了强大的推动力。

坚持共享发展理念还体现为我国加强减贫的国际合作，即与其他国家共享先进减贫理念与经验。2013年3月，习近平总书记在莫斯科国际关系学院发表演讲时指出："各国和各国人民应该共同享受发展成果。每个国家在谋求自身发展的同时，要积极促进其他各国共同发展。世界长期发展不可能建立在一批国家越来越富裕而另一批国家却长期

---

① 《10年来我国城乡居民收入相对差距持续缩小》，http://www.gov.cn/shuju/2022-10/11/content_5717714.htm.

贫穷落后的基础之上。"① 中国坚持独立自主、自力更生的同时，积极开展国际交流合作，共享减贫经验。改革开放以来，我国积极借鉴国际先进减贫理念与经验，促进了我国减贫事业的发展。无论是《国家八七扶贫攻坚计划（1994—2000 年）》《中共中央、国务院关于尽快解决农村贫困人口温饱问题的决定》《中国农村扶贫开发纲要（2001—2010 年）》，还是《中国农村扶贫开发纲要（2011—2020 年）》和《中共中央、国务院关于打赢脱贫攻坚战的决定》等重要文件，都提出积极发展和扩大与国际组织的交流合作，广泛争取国际社会对我国扶贫开发的援助和支持；我国在减贫领域与世界银行、联合国开发计划署、亚洲开发银行等国际组织积极合作，并与英国、德国、日本等国及国外民间组织合作开展减贫项目，取得了显著成效。我们不仅重视"引进来"，借鉴国外好的经验和做法，还通过对外援助和合作等方式"走出去"，分享中国减贫经验，为世界减贫事业作出中国贡献。为了更好地分享减贫经验，中国搭建平台，组织国际减贫培训班，开展智库交流。比如，2012 年至 2021 年，中国共举办 130 余期国际减贫培训班，来自 116 个国家（组织）的官员参加培训。② 可见，我国在减贫过程中既强调发展，又强调公平；既强调共建，又强调共享；既强调自力更生，又强调开放交流。

中国的减贫实践表明，只有坚持共享发展理念，才能从根本上解决一国内部因发展不平衡而长期存在的贫困问题。发展理念不是凭空而来的，而是不断总结人类发展实践的产物。长期以来，世界各国在反贫困实践中积累了丰富的理论成果，在为世界减贫提供有益借鉴的同时，也存在一些问题，比如，一些西方主流的经济发展理论强调通过推动发展中国家经济增长来解决贫困问题，但其理论过于强调经济和效率因素，而忽视了公平与共享原则，导致在实践中出现经济增长

---

① 习近平：《习近平著作选读》（第一卷），北京：人民出版社，2023 年版，第 105—106 页。

② 《〈人类减贫的中国实践〉白皮书》，https://www.gov.cn/zhengce/2021 - 04/06/content_5597952.htm.

与利益分配失衡、贫富差距愈加严重等问题。西方的抑制人口增长理论把致贫原因归结为贫困人口生育过多，主张控制人口增长，以避免陷入贫困陷阱；涓滴效应理论则认为，在经济发展进程中，优先发展起来的地区会带动贫困地区和贫困人口发展，这样的涓滴效应会使得社会贫困问题自然得到解决，而不必特别照顾贫困地区和贫困人口。这些理论可能在一定程度上有助于缓解贫困，但无法从根源上解决贫困问题。一些国家在贫困治理中不注重共享，把一部分人的富有建立在另一部分人的贫穷之上，长期的贫富悬殊、两极分化使得社会不同群体相互对立，甚至出现国家内斗，影响了国家的持续健康发展。共享发展理念的提出顺应了时代发展潮流、引领着时代发展方向，从而实现了对西方减贫理念的超越，在全体人民共同助力国家发展、共享发展成果的征程中，逐步实现共同富裕。坚持这样的共享发展理念，国家才能繁荣富强，社会才能安定和谐，人民才能幸福安康。

中国的减贫实践表明，只有坚持共享发展理念，才能更好地解决各国间存在的发展鸿沟。世界各国贫富差距受各自的历史文化传统、经济社会发展水平、政治制度等诸多因素影响。自 20 世纪 80 年代以来，经济全球化、数字鸿沟进一步拉大了发达国家和发展中国家的收入差距，全球贫富差距呈快速上升趋势。2021 年 6 月，国际货币基金组织认为，全球收入不平等现象加剧并成为"这个时代最明显的挑战"。世界财富与收入数据库公布的数据显示，全球收入排名前 1% 的人群占据的收入份额从 1981 年的 16.9% 增长至 2020 年的 19.3%，贫富分化问题进一步加剧。在全球化时代，各国间的共同利益在增多，共同挑战也在增多，国家间是彼此分不开的利益共同体，但全球范围内的收入分配不平等、发展不平衡、南北发展鸿沟进一步拉大，成为全球治理面临的一大难题。在相当长的历史时期，一些国家和地区虽然经济在增长，却在大规模减贫上难有建树，无法解决好经济增长与发展成果共享之间的平衡问题。习近平总书记指出："只有各国人民都过上好日子，繁荣才能持久，安全才有保障，人权才有基础。"① 各国人民都过上好日子必须靠发展，而共享是发展的目标。只有从共享发展理念出发，找到不同国家、地区、宗教、文化、民族发展的最大公约数，才能共同面对全球危机和挑战。只有坚持共创共享、消除贫困，各国间存在的贫富差距和发展鸿沟问题才能根本解决。任何单边主义、保护主义本质都是利己主义，都与共享发展理念背道而驰。各国应当积极交流互鉴，携手合作，确保实现《联合国 2030 年可持续发展议程》确立的"在全世界消除一切形式的贫困"的目标。中国不仅与世界其他国家共享减贫"密码"，还在国际社会积极倡导构建人类命运共同体，通过构建国家间平等相待的伙伴关系，谋划互利共赢的发展前景，促进人类社会共同发展，这是共享发展理念在世界范围内的延伸和拓展。时任阿根廷众议院副议长希奥哈认为："事实证明，全球减贫事业的发展离不开各国的共同努力……如何战胜贫穷，如何消除或至少减轻贫穷的经验应该与所有国家分享。这不应该成为秘密，而应该为所有国家所用，应被视为人类社会发展的共同财富。我要强调中国人民和政府的共同努力，不仅使数亿公民摆脱赤贫，并且分享他们的经验、知识、方法和所处的复杂情况，为其他国家提供了参考。"②

### 三、坚持精准扶贫理念

精准扶贫理念指的是，针对不同贫困地区和贫困人口的具体状况，对扶贫对象进行精确识别、精确帮扶，以达到精准脱贫的目的。改革开放以来，我国通过大规模开发式扶贫，使得贫困人口大幅减少，贫困地区面貌得到了显著改善，但在一些地区、一些具体工作中也存在低质、低效扶贫问题，比如贫困人口底数不清、情况不明、扶贫资金

---

① 习近平：《构建高质量伙伴关系 共创全球发展新时代》，载《人民日报》，2022 年 6 月 25 日，第 2 版。

② 《希奥哈：中国走出了一条具有世界意义的贫困治理之路》，https://news.cctv.com/2021/05/20/ARTI457yX90kP1PV4d6Et1j4210520.shtml。

和项目等资源投入针对性不强等突出问题。过去的粗放式扶贫从表面上看是工作方式方法的问题，实质反映出来的是扶贫理念的大问题。随着经济的快速发展，人民生活水平显著提升，中国减贫进入攻城拔寨的冲刺阶段。据统计，2013 年年底，中国还有农村贫困人口 8249 万，虽然贫困人口明显减少了，但剩下的减贫任务都是"难啃的硬骨头"。新的形势要求必须增强紧迫感和主动性，在工作中进一步理清思路，彻底弄清哪些是贫困人口，致贫原因是什么，如何帮扶更有针对性，帮扶效果怎么样等关键性问题，进而在扶贫工作中扫除盲点，采取有力措施提升扶贫的实效。习近平总书记明确指出："扶贫开发推进到今天这样的程度，贵在精准，重在精准，成败之举在于精准。"① 精准扶贫理念为新时代中国扶贫工作指明了方向。

精准扶贫理念是对新时代扶贫工作新形势新要求的积极应对。从时间维度上看，是我国扶贫开发事业进程的纵深发展；从空间维度上看，推动了我国扶贫路径从"大水漫灌"向"精准滴灌"转变。精准扶贫理念聚焦"精准"，强调扶持对象精准、项目安排精准、资金使用精准、措施到户精准、因村派人精准和脱贫成效精准。精准扶贫的精髓在于精准，在扶贫工作的全过程中瞄准贫困群体、挖掘贫困根源、提升扶贫工作的针对性，使贫困治理政策更加科学合理、措施对策更加有力有效，不断提高脱贫攻坚的精准性。例如，在以往扶贫工作中，存在着非贫困人口和地区占用宝贵扶贫资源的现象。为了把贫困人口、贫困程度、致贫原因等搞清楚，全国建立起统一的扶贫开发信息系统，各地方政府依据国家统计部门抽查推算出来的贫困人口数量，通过基层民主评议的方式识别贫困人口、建档立卡，并组织建档立卡"回头看"，以提升贫困人口识别的精准度。我国贫困人口数据实现了到村到户到人。此外，扶贫要扶到点上、扶到根上。项目帮扶是帮助贫困人口彻底脱贫的有力抓手，根据扶贫对象的致贫原因和现实条件有针对

---

① 陈二厚、王宇、林晖等：《以习近平同志为总书记的党中央关心扶贫工作纪实》，载《人民日报》，2015 年 11 月 27 日，第 3 版。

性地安排扶贫项目。除了普遍性地满足营养、教育、健康等需求外，还依据不同地区生产生活环境、贫困人口劳动能力等情况进行"造血式"扶贫，比如对生产和生活环境比较好的地区或者劳动能力较强的贫困人口，可以通过培训提升能力、发展产业和就业来增加收入；对于生产和生活环境恶劣的地区，重点通过异地搬迁后发展产业和就业来改善生存条件。而对于劳动能力较弱的贫困人口，则重点通过资产收益、社会保障来解决贫困问题。同样，在资金使用、因户施策、因村派人、脱贫成效上都力求精准，并将精准扶贫与乡村振兴战略紧密衔接，为脱贫人口提供能持续"造血"的环境，进一步解决相对贫困问题。

中国的减贫实践表明，精准扶贫、精准发力有效解决了减贫不能落实落细的问题，为其他国家探索高效减贫的路径贡献了中国智慧。从世界范围看，贫困问题远未得到真正解决，特别是发展中国家的贫困问题还相当严峻。进入21世纪，许多国家实施了各种减贫计划或战略，如巴西政府先后实行了"家庭补助金计划"和"我的房子我的生活计划"，墨西哥实施了"机会计划"，智利政府推出了"智利团结计划"，利比里亚、南非等国推行了现金扶贫，等等，这些举措取得了不少成果，但时至今日，这些国家也没有彻底解决绝对贫困问题，甚至一些国家的贫困人口不减反增。国际减贫实践证明，"大水漫灌式"扶贫难以取得突破性进展。中国的精准扶贫是扶贫进入关键阶段的深层次理念变革，注重从扶贫对象实际出发，以扶贫对象的多样化需求为导向，实现扶贫供给侧与需求侧的有效衔接，有针对性地分类施策，确保扶贫精确到人、精确到时间、精确到目标，大大提高了扶贫脱贫实效。作为世界最大的发展中国家，中国的精准扶贫理念不仅能解决国内贫困治理问题，也有助于国际扶贫事业发展，无论是减贫速度还是减贫效果，都为其他国家减贫提供了宝贵借鉴，在全球范围内具有可推广性。联合国秘书长古特雷斯指出："精准减贫方略是帮助最贫困人口、实现2030年可持续发展议程宏伟目标的唯一途径。中国已实现数亿人脱贫，中国的经验可以为其他发展中国家提供有益借鉴。"①

　　中国的减贫实践表明，精准扶贫理念下充分发挥了政府"有形之手"和市场"无形之手"的作用，为有效解决减贫动力不足等世界难题提供了中国经验。在贫困治理方面，长期以来大多数国家遵从西方经济学的涓滴效应理论，但减贫达到一定阶段后，都会呈现经济增长对减贫绩效的带动作用逐步弱化的趋势，在解决贫困问题上难以取得突破性进展。可见，把"蛋糕"做大后，仅仅依靠市场这只"看不见的手"并不能自然而然地解决贫富差距扩大、少数人享有发展成果的问题，对于发展中国家来说更是如此。20 世纪 70 年代末，国际上开始出现一种新的思潮，认为发展中国家减贫进展缓慢的原因是政府干预过多、市场作用发挥较小所致。不少发展中国家开始奉行美国主导的"华盛顿共识"，开始采取全盘私有化、自由化和全面消除政府干预等措施。结果却是，短期内经济快速增长的同时贫富差距迅速扩大。贫困问题不仅未能得到根治，反而进一步加剧。在减贫问题上，中国不仅没有遵循"华盛顿共识"所期望的政府最小化原则，反而使政府发挥着主导和枢纽作用。这一点在精准扶贫理念中得到很好体现。一方面，当经济增长的外溢效应达到一定限度，减贫出现动力不足问题时，必须依靠政府的强力推动；另一方面，面对复杂的贫困问题，政府能够迅速调动各种经济与社会资源，发挥其在资源整合、政策协调上的优势，通过自上而下的传导和落实机制，确保减贫目标按期实现。在精准扶贫、精准脱贫工作中，在建档立卡识别贫困户、项目安排、资金使用、人员安排及脱贫成效验收等环节中，政府都发挥着不可替代的作用。与此同时，要做到精准扶贫、精准脱贫，必须尊重市场规律，借助市场主体力量，利用市场机制在资源配置方面的天然优势，有利于解决精准扶贫过程中面临的组织资源供求失衡和扶贫资金使用效率不高的突出矛盾，也有利于防止政府过度干预或"大包大揽"带来的

---

①　王进：《为全球减贫贡献伟力的中国实践》，载《光明日报》，2020 年 10 月 11 日，第 8 版。

负面影响。①

精准扶贫理念有助于突破国际减贫"最艰难阶段"。国际经验表明，当一国贫困人口占总人口的比例降到10%以下时，减贫就进入"最艰难阶段"。因为，随着减贫实践的推进和贫困人数的减少，最后剩余的贫困人口的脱贫难度会随之增加。在中国的减贫实践中，我们提出了精准扶贫理念和与之相配套的完整政策体系，瞄准扶贫路上"最后一公里"，动员全社会力量，重点攻克深度贫困地区的贫困堡垒，根据不同发展环境、贫困状况，运用科学的方法对扶贫对象实施精准识别、精准帮扶、精准管理，最后实现精准脱贫。中国精准扶贫的成功实践，为世界减贫事业注入新动力，对世界各国解决贫困难题具有重要的参考和借鉴价值。越南社会科学院学者杜进森提出："越南可借鉴中国在精准识别扶贫对象、精准选择扶贫措施、鼓励企业参与扶贫等方面的经验。"牛津大学人类与发展研究中心主任萨宾娜·阿尔克认为，在精准识别、精准帮扶、精准管理、精准退出等方面，中国的精准扶贫理念对其他发展中国家有重要的借鉴意义。②

## 第二节　中国减贫的方法论体系

### 一、坚持实事求是原则

实事求是是马克思主义的根本观点，是中国共产党思想路线的核心，也是中国共产党认识世界、改造世界的根本要求。坚定不移地坚持实事求是原则，是党和国家事业不断取得胜利的根本保障和制胜法宝。实践证明，坚持实事求是、一切从实际出发，我们的事业发展就会取得成功；反之，就会出现挫折和失败。

---

① 郭晓鸣、高杰：《实施精准扶贫战略的四大重要关系》，载《天府新论》，2016年第4期，第3页。

② 安春英：《全球贫困治理中的非洲减贫国际合作》，载《当代世界》，2019年第10期，第26页。

　　具体到解决贫困问题，实事求是依然是中国减贫的基本原则。贫困问题是一种复杂的社会经济问题，有其自身特点和规律。新中国成立以来的不同时期，我们面临的贫困问题异常复杂，解决起来也极其艰难。中国共产党立足中国人口多、底子薄、工业基础薄弱的基本国情，根据不同发展阶段、发展水平和贫困人口规模、结构、分布状况，与时俱进地创新减贫理念和方法，制定相应的减贫目标、标准及措施。新中国成立后，针对新中国生产力落后、绝大多数中国人处于贫困状态的情况，我们党通过改造旧的生产关系即经济基础，引导广大农民通过互助合作方式走上社会主义道路，开展大规模的社会主义建设来减贫；改革开放以来，针对我国经济发展仍处在较低水平、贫困问题仍然严峻的现实，我们党通过改革开放解放和发展生产力，实施有计划、有组织、大规模的农村扶贫开发，特别是通过农村经济体制改革，以及促进沿海地区外向型经济增长，吸引贫困地区大量输出劳动力参与城镇化和基础设施建设，同时，将解决贫困问题上升为国家战略，通过一系列制度变革和政策措施推动减贫事业继续向纵深发展。进入新时代，面对绝对贫困这块"硬骨头"，习近平总书记在湖南省十八洞村提出精准扶贫理念，作出"实事求是、因地制宜、分类指导、精准扶贫"的重要指示，并强调指出，扶贫要实事求是，因地制宜。要精准扶贫，切忌喊口号，也不要定好高骛远的目标。① 新时代脱贫攻坚贯彻精准扶贫理念，具体分析不同地区和不同人群的致贫原因，做到因地制宜、因村因户因人施策，切实达到了真扶贫、扶真贫、真脱贫的目标，这是实事求是原则在脱贫攻坚中的实际运用，充分体现了求真务实的精神。为了保障扶贫政策落到实处，习近平总书记强调扶贫工作要扎扎实实、一步一个脚印地推进，把一切工作都落实到为贫困群众解决实际问题上。衡量精准扶贫工作成效的关键不应是追赶脱贫时间、攀比脱贫数字，而应是坚持脚踏实地、立足农村实际、掌握贫困

---

　　① 《坚决打赢脱贫攻坚战》，http://jhsjk.people.cn/article/29626301。

实情、讲求脱贫实效。习近平总书记指出："我多次强调，脱贫攻坚工作要实打实干，一切工作都要落实到为贫困群众解决实际问题上，切实防止形式主义，不能搞花拳绣腿，不能搞繁文缛节，不能做表面文章。"[①] 为了反对脱贫工作中的形式主义和官僚作风，中央通过严格的考评机制、全面的监督体系和扶贫问题专项治理等措施来保障扶贫成果经得起历史和人民的检验，从而保证了脱贫攻坚打得赢、打得好。新中国成立以来，党和政府根据贫困状况的变化不断调整减贫政策措施，既是中国共产党践行实事求是原则的具体表现，也是运用实事求是原则的典范。

中国的减贫经验表明，坚持实事求是，最重要的就是根据本国国情探索出自己的减贫道路和模式，而不是对国外减贫理论和模式的盲目跟从。无论是中国减贫道路、模式还是具体的减贫方案，最根本的原则还是实事求是、从实际出发。在国际上，不少发展中国家不考虑本国的国情和特点，盲目照搬西方模式，不仅没有实现现代化，反而失去了发展自主性，落入了"贫困陷阱"之中。比如一些发展中国家自身的经济实力原本就很薄弱，财力不足，还简单照搬西方福利救济的减贫做法，给贫困人口发钱发物，这往往只能解决一时之需、一部分人之需，只能"治标"而无法"治本"；还有一些发展中国家照搬西方国家的经验，把城市化作为减少贫困的主要政策，认为只要把农民变为市民，贫困自然就减少了，但印度及拉美地区不少国家的现实情况却表明，依靠这种城市化政策很大程度上只是把农村贫困人口转移到了城市贫民窟而已，国家的总体贫困率并没有下降。中国在这方面没有简单地采取社会救济方式，也没有简单地采用把农民变成市民的做法，而是具体分析不同地区和不同人群的致贫原因，做到因地制宜、因村因户因人施策，通过产业扶贫、易地搬迁、创业就业、教育支持、医疗救助、生态补偿、社保救助等一系列综合脱贫措施来帮助

---

① 习近平：《在深度贫困地区脱贫攻坚座谈会上的讲话》，载《人民日报》，2017 年 9 月 1 日，第 2 版。

贫困地区和人口摆脱贫困。中国也没有盲目相信西方主流经济学理论和完全市场化的减贫思路，而是将政府和市场有机结合起来，既发挥政府在减贫实践中的主导作用，又充分利用市场机制的调节作用，从而产生了非凡的减贫效果。美国密歇根大学政治学学者洪源远认为："过去许多发展中国家都被敦促学习西方的'最佳做法'，但结果并不令人满意。长期以来，国际发展合作一直盲目认可西方模式的现代化。人们认为，西方取得了成功，而世界其他地区却失败了，现在必须奋起直追。我们应该重新思考这种不加批判的态度。""中国的一条重要经验是要好好利用已有的东西。当地人应该利用本地资源和知识技术来促进创业活动或解决问题——即便这些方法并不总是符合西方标准。"①

中国的减贫经验表明，各国在减贫过程中可以借鉴因地制宜、科学规划、分类指导、因势利导的扶贫开发思路，这一思路就是实事求是原则在减贫工作中的具体运用。因地制宜要求充分考虑不同贫困地区的具体条件，针对不同贫困目标制定适合当地减贫的精准措施；科学规划要求制定和完善扶贫战略框架，制定更符合实际的、更科学合理的扶贫开发规划；分类指导要求根据不同的标准把贫困人口划分为不同的类型，并针对这些类型分别制定相应的脱贫方案和思路，开展点对点、人对人的帮扶措施；因势利导则是根据国家的相关政策及扶贫工作的整体形势，引导贫困人口朝着最符合自身实际、最有利于增加收入的方向努力。概括起来，就是从实际出发，科学分析，对症下药，因人因地施策，因致贫原因施策，因贫困类型施策，在具体方面做到宜工则工、宜农则农、宜种则种、宜养则养、宜牧则牧、宜林则林、宜游则游、宜渔则渔等等。无论是这四个方面中的任一方面，还是作为整体，无不体现出中国共产党一切从实际出发、理性务实、按客观规律办事的求真品质和实践特质。国际农业发展基金驻华代表马

① 《专家认为：中国脱贫经验可供他国借鉴》，载《参考消息》，2022年3月4日。

泰奥指出："中国实施精准脱贫，给世界提供了很有意义的脱贫经验。在扶贫过程中，不仅要知道哪些人需要帮助，还要知道导致贫穷的原因是什么，并有针对性地提供不同的解决方案。对于缺乏基本生活能力的人，可以提供补贴。有的贫困人口只是缺少就业机会，提供职业培训有助于解决问题。这些做法值得其他国家学习。"①

中国在国际减贫合作中也坚持实事求是原则，既要考虑其他国家的贫困实际，还要努力把具有普遍性意义的中国经验与该国国情对接。比如，20世纪50年代到70年代，非洲大陆的民族解放运动进入高潮。维护和巩固国家主权独立、实现民族经济发展、摆脱贫困落后是非洲各国的迫切愿望。这一时期，中国参与减贫援助以政府为主体，援助内容是旨在满足非洲贫困人口基本生活需要的"生存减贫"合作，如基础设施建设、农业生产和医疗救治等方面。改革开放后，中国经济迅猛发展，非洲国家也把发展经济作为重心。中国对非洲的减贫援助布局、结构、领域和方式更加灵活多样，更加契合非洲国家的实际情况。进入21世纪，特别是党的十八大以来，中非关系进入新阶段，中非全面战略合作伙伴关系的建立使得中非减贫合作机制运行更加顺畅，中非减贫合作广度和深度不断拓展。中国站在构建人类命运共同体的战略高度看待中非关系和减贫合作，坚持以义为先、义利兼顾，开展多领域合作，推动非洲国家减贫，从而实现非洲国家的自主和可持续发展。2015年和2018年的中非合作论坛通过的《中非合作论坛—约翰内斯堡行动计划（2016—2018年）》和《中非合作论坛—北京行动计划（2019—2021年）》，提出了工业化、农业现代化、基础设施、金融、绿色发展、贸易和投资便利化、减贫惠民等覆盖非洲发展与减贫的多领域合作计划。减贫的主体也逐渐多元化，形成了政府、企业、非政府组织共同参与、各显其能的格局。减贫合作领域从传统的农业、医疗卫生等领域向人力资源开发合作升级。再如，在第十七次东盟与

① 马泰奥：《惠及所有人的发展》，载《人民日报》，2021年1月12日，第3版。

中日韩领导人会议上，中国提出"东亚减贫合作倡议"，在柬埔寨、老挝、缅甸三国同时开展东亚减贫示范合作技术援助项目。这是我国首个村级减贫技术援助项目，以老挝、柬埔寨、缅甸为试点国家，每国选取两个项目村开展项目建设活动，以改善当地生产生活条件，增强村庄发展活力。该项目重点示范我国的扶贫经验和政府主导、群众参与、提升能力的开发式扶贫模式。考虑到柬埔寨和老挝的农村情况不同，在柬埔寨的基础设施改善方面侧重饮水工程建设和房屋、厕所的改建，而在老挝采取的是村级公路铺设，重点解决出行难的问题。在能力提升和生计改善方面，柬埔寨采取的是开展养牛示范、高温蘑菇种植、小米椒种植、庭院经济和小型加工业等 5 个项目。在村内建成洗洁精加工厂，带动贫困户参与生产经营；开展中餐厨师培训，帮助村民外出务工就业。而在老挝开展的是养牛、养鸡等养殖业，玉米、蔬菜种植业，以及织布、旅游等生计示范活动。[①] 项目实施后，项目村的生产生活条件得到显著改善，社区自我发展能力显著增强，项目示范效果非常突出，得到了中外双方政府首脑和有关部门的高度肯定，一些项目村的经验被纳入所在国国家减贫战略，并推广到其他地区。

## 二、坚持系统方法论

系统是由许多相互联系、相互作用的要素构成并与周围环境发生联系的具有稳定结构和特定功能的有机整体。研究系统的目的在于调整系统结构，协调各要素关系，使系统达到优化目标，实现动态平衡。系统方法是以唯物辩证法的普遍联系为前提，从整体上把握事物内部联系和规律的一种方法。系统方法论要求我们学会运用整体性思维把握事物，以客观全面地认识事物本质及其发展规律。具体到实际工作中，要善于从宏观上、整体上认识和把握问题的全貌，处理好全局和局部、整体和部分的关系。

---

① 《中国国际扶贫中心 15 周年画册》，https://www.iprcc.org.cn/zl/ndbg。

中国共产党在减贫问题上，从来不是为了减贫而减贫，而是把减贫工作纳入国家经济社会发展大战略系统中，通过国家制度、体制和发展战略来推动。改革开放以来，中国共产党主动把减贫工作纳入国家整体工作中加以规划和部署，在制定一个时期党的重大方针政策及国家中长期发展规划时，都把减贫作为重要内容。我们坚持以经济建设为中心，牢牢把握改革开放这关键一招，制定党在社会主义初级阶段的基本路线，深入推进经济、政治、社会等体制改革，确立并不断完善社会主义市场经济体制，大力实施科教兴国、人才强国、可持续发展、区域协调发展等国家发展战略，为摆脱贫困、实现共同富裕进行了开创性和系统性探索。党的十八大以来，为了实现全面建成小康社会这一历史任务，中国共产党把脱贫攻坚纳入"五位一体"总体布局和"四个全面"战略布局，置于治国理政的突出位置，建立了中国特色的贫困治理制度体系，并运用系统性思维，采取多管齐下、多兵团作战的方式，打出"组合拳"，打好整体战，最终取得脱贫攻坚战的全面胜利。

减贫事业涉及要素众多，如何把各个要素的作用发挥出来，关键在于不断完善贫困治理体系。在系统论中，要把各要素有机连接起来，使其发挥最大效用，就需要有效的体制机制。在我国减贫实践探索中，中国共产党逐步形成了较为完善的贫困治理体系，即建立各负其责、各司其职的责任体系，精准识别、精准脱贫的工作体系，上下联动、统一协调的政策体系，保障资金、强化人力的投入体系，因地制宜、因村因户因人施策的帮扶体系，广泛参与、合力攻坚的社会动员体系，多渠道、全方位的监督体系和最严格的考核评估体系。这一整套具有鲜明中国特色、行之有效的脱贫攻坚责任体系、工作体系、政策体系、投入体系、帮扶体系等构成了具有"四梁八柱"性质且彼此相互关联、相互支持的完整架构。这是在党的统一领导下，坚持人民中心的减贫理念，坚持扶贫与发展共进原则，整合政府、市场和社会各方力量的共同作用下取得的重大成就。中国制度优势为中国贫困治理提供了多维政策的有效协同和衔接，打破了制度壁垒，保障了贫困治理效能。贫困治理体系聚焦"扶持谁、谁来扶、如何扶、如何退"等核心问题，生动体现了我国国家制度和国家治理体系的显著优势。政府、市场和社会同向发力的益贫市场机制凸显了在贫困治理中政府行政逻辑、市场经济逻辑与社会自治逻辑的一致性和多元治理的互动性。因地制宜的多渠道、多元化扶贫模式的创新使精准扶贫理念得以落地、落实。中国贫困治理因为有了政治、制度和组织保障，才形成了独具特色的治理体系和运行机制，才有了因地制宜、因人施策的扶贫模式。这些正是中国减贫实践中形成的可供国际社会借鉴的宝贵经验和智慧。

中国减贫经验表明，政府要把贫困治理纳入国家治理体系并持续加以推进。中国的贫困治理是国家治理体系的重要组成部分。一方面，一个国家的治理现代化水平必然影响和制约着贫困治理水平。可以说，没有国家治理现代化，就不可能有贫困治理现代化。纵观当今世界，许多国家减贫效果不佳与其国家治理体系和治理能力的缺陷密切相关。另一方面，贫困治理反过来影响着国家治理体系和治理能力现代化水平，一国贫困治理水平的提升必然从特定层面、特定方向、特定领域改善和提升该国国家治理体系和能力的现代化水平。中国在减贫实践中形成的独特的贫困治理体系与整个国家的治理体系是相互促进、相互推动的关系。中国共产党将贫困治理纳入国家治理体系，把减贫放在治国理政的重要位置，将减贫目标纳入国家发展议程，采取各种综合治理措施推动减贫工作的开展和落实，特别是制定减贫的战略规划，把减贫工作纳入国民经济和社会发展规划，从中央到省（自治区、直辖市）、地（市）和县，都成立专门的扶贫领导机构，调动各种经济与社会资源，通过自上而下的传导和落实机制，发挥其在资源整合、政策协调上的优势，确保减贫目标的实现。联合国粮农组织减贫项目官员安娜·坎波斯认为："中国在减贫领域取得巨大成果是因为政府始终把扶贫工作摆在重要位置，并且在扶贫方面有清晰的目标。"[①] 古巴国际政治研究中心学者何塞·罗瓦伊纳认为，中国脱贫攻坚战取得全面胜利的原因在于坚持中国共产党领导，充分发挥国家制度优势。中国共产党拥有坚定的政治意愿，作出明确的战略规划，统筹资源、集中力量，一以贯之地推动脱贫事业，带领中国人民走向富裕。[②] 各国在发展过程中不能为了减贫而减贫，而要把减贫纳入国家治理体系、纳入国家经济社会发展全局中加以考量，并加以推进。

中国减贫经验表明，减贫是一个系统工程，不是一个家庭、一个地区的事情，也不仅仅是执政党和政府的事情，需要调动和汇集一切社会力量参与减贫。说到底，减贫是全社会的事情，无法靠单一力量来解决，这就需要动员和凝聚社会各方面力量参与减贫工作。一些国家比较重视企业和市场在减贫中的作用，但政府的主导作用却被忽视；有些国家则相对依赖政府和社会慈善机构提供的救助；有的国家则寄希望于外国和国际组织的减贫项目和援助资金；等等。在当今世界能够动员包括政党、政府、企业、社会组织、个人乃至外国组织和机构在内的所有力量投入减贫事业的国家和地区还比较鲜见。而中国在减贫过程中充分发挥政府、市场、社会、国际组织等各方力量，共同推动减贫事业的发展。政府在制定减贫战略规划、推动减贫工作开展、进行资源整合和社会动员等方面发挥着重要的主导作用。市场在资源配置方面具有优势，在推动贫困地区经济发展、产业升级等方面发挥重要作用。企业、社会组织等利用其专业性强、灵活、高效的特点，在贫困地区和贫困人口救助帮扶中发挥特殊作用。国际组织也在中国减贫事业中发挥了示范、促进和催化作用。在减贫过程中，中国特别注重发挥贫困人口自身力量，注重激发他们的内在动力，提高脱贫技

---

① 《中国减贫之路"优质高效"——国际人士积极评价中国脱贫攻坚成就》，载《人民日报》，2018年2月1日，第3版。

② 《攻坚克难创造奇迹 中国经验启迪世界——多国人士高度评价习近平总书记在全国脱贫攻坚总结表彰大会上的重要讲话》，载《光明日报》，2021年2月26日，第3版。

能，引导贫困人口通过辛勤劳动和顽强意志改变命运、创造幸福生活，从而使贫困人口由被动的帮扶对象转变为减贫的参与主体和贡献者，这与一些国家往往把贫困人口看作是被动地接受救济和资助的对象是有着很大差异的。这种强大的合力被习近平总书记形象地称为"汇聚起排山倒海的磅礴力量"①。因此，在减贫过程中，国家需要尽可能调动国内外一切可以调动的资源和力量参与减贫工作，充分发挥各方的优势和特点，最终形成强大的减贫合力。

中国减贫经验表明，建立符合本国国情的贫困治理体系才能推动减贫工作取得实效。一些国家在减贫方面投入了大量的人力物力财力，但是最终减贫的效果并不理想，其中很重要的原因就是不能有效地把各种要素有机结合起来，发挥其整体作用。事实上，数十年来，很多反贫困的国际组织，包括联合国有关机构等，向一些发展中国家的贫困地区和人口提供了不少减贫项目和援助资金，但因为受援国缺乏健全的贫困治理体系作支撑，结果无法从总体上改善该国的贫困状况。中国作为全球最大的发展中国家，立足本国实际，在实践中形成了一套运行有效的责任体系、工作体系、政策体系、投入体系、帮扶体系等，构建起中国贫困治理体系。此外，还充分发挥中国共产党的政治优势，实施组织领导、监督检查、考核评估等措施。中国贫困治理体系的形成和高效运转，为有艰巨减贫任务的广大发展中国家树立了榜样、提供了借鉴。南非大学姆贝基非洲领导力研究院高级研究员谭哲理认为："中国的成功之处在于具有果断的领导力，法律和政策的连续性，自下而上的人民赋权，稳固的政府间关系和私营部门伙伴关系，以及政治、地理、技术条件等。所有这些因素结合在一起，构成了中国特色的减贫治理体系。"②

---

① 习近平：《在全国脱贫攻坚总结表彰大会上的讲话》，载《人民日报》，2021 年 2 月 26 日，第 2 版。

② 《南非学者：中国特色减贫治理模式值得借鉴》，http://world.people.com.cn/n1/2022/1027/c1002-32552899.html。

### 三、坚持"两点论"和"重点论"相统一

对立统一规律是唯物辩证法的实质和核心，它提供了人们认识世界和改造世界的根本方法——矛盾分析方法。矛盾和问题是普遍存在的，问题也是矛盾。没有矛盾，就没有世界、没有发展。我们在各项工作中，必须立足全局，增强问题意识，坚持问题导向，承认矛盾的普遍性、客观性，同时抓住主要矛盾和矛盾的主要方面。正如习近平总书记所指出的："要坚持'两点论'和'重点论'的统一，善于厘清主要矛盾和次要矛盾、矛盾的主要方面和次要方面，区分轻重缓急，在兼顾一般的同时紧紧抓住主要矛盾和矛盾的主要方面，以重点突破带动整体推进，在整体推进中实现重点突破。"①

新中国成立以来的各个时期，中国共产党都通过抓住主要矛盾、瞄准关键问题来解决贫困问题。不同时期的主要矛盾不同，减贫工作思路也不同。新中国成立之后，针对国内"一穷二白""积贫积弱"的社会发展状况，中国共产党通过社会主义改造建立了社会主义经济基础，积极发展农业，提高农业劳动生产率，加快推进社会主义工业化，初步建立起独立的工业体系与国民经济体系，努力提高人民生活水平。进入改革开放和社会主义现代化建设新时期，我国贫困问题仍十分严峻，我们通过推进以家庭联产承包责任制为主的农村经营体制改革、加大对农业投入来增加农民收入，制定并实施了一大批农村扶贫政策，使得我国农村贫困面貌发生巨大变化。党的十八大以来，我国社会主要矛盾已经转化为人民日益增长的美好生活需要和不平衡不充分的发展之间的矛盾。扶贫工作作为解决发展不平衡不充分问题的重要一环，重点在于满足贫困地区人民日益增长的美好生活需要。打赢脱贫攻坚战是全面建成小康社会中最为艰巨和复杂的任务。可以说，此时的减贫"已经到了啃硬骨头、攻坚拔寨的冲刺阶段，所面对的都是贫中之贫、困中之困，采用常规思路和办法、按部就班推进，难以

---

① 习近平：《习近平谈治国理政》（第二卷），北京：外文出版社，2017年版，第221页。

完成任务，必须以更大的决心、更明确的思路、更精准的举措、超常规的力度，众志成城，实现脱贫攻坚目标"①。中国共产党坚持问题导向，根据主要矛盾变化调整减贫的目标、手段、方法等，是对坚持"两点论"和"重点论"相统一的矛盾分析法的灵活运用。

消除贫困、实现共同富裕是一个极其复杂的重大社会工程，要实现这一目标，面临和解决各种矛盾与疑难问题是常态。在解决贫困问题的过程中必须认识到，贫困是各种社会经济因素纠缠在一起的复杂问题，各种矛盾盘根错节，而且这些矛盾并非处于同等地位，因此，需要厘清其中的主要矛盾和次要矛盾、矛盾的主要方面和次要方面，突出重点，攻克难点，反对"一刀切"，反对"胡子眉毛一把抓"，反对不区分贫困对象、不摸清致贫原因的"大水漫灌式"的扶贫做法。习近平总书记指出："要有强烈的问题意识，以重大问题为导向，抓住关键问题进一步研究思考，着力推动解决我国发展面临的一系列突出矛盾和问题。"② 解决贫困问题，就要紧紧抓住主要矛盾和矛盾的主要方面，突出重点，对准聚焦，把其中的重大问题、关键问题、突出问题作为减贫工作的重点和主攻方向，通过精准施策、靶向治疗，拔除"穷根"，从而有效推动整个扶贫工作上台阶。比如，在全面脱贫攻坚战的部署方面，党中央对"三区三州"③ 等最顽固的贫困堡垒开始总攻，深度聚焦这些地区的教育、医疗、饮水、交通和住房安全等现实难题，加大政策支持力度，组织精锐力量强力帮扶，狠抓政策落实，一举攻克最顽固的贫困堡垒，打赢了中国减贫史上最艰巨的战役。再比如，在对贫困地区是"输血"还是"造血"的问题上，习近平总书记强调："要坚持输血和造血相结合，坚持民族和区域相统筹，重在培

① 中共中央党史和文献研究院编：《习近平扶贫论述摘编》，北京：中央文献出版社，2018 年版，第 16 页。

② 陈曙光：《必须坚持问题导向》，载《光明日报》，2023 年 4 月 7 日，第 11 版。

③ "三区三州"是中国脱贫攻坚史上的特有名词。"三区"指西藏，新疆南疆的和田、阿克苏、喀什、克孜勒苏柯尔克孜自治州四地州，以及青海、甘肃、四川和云南四省藏区。"三州"指甘肃临夏州、四川凉山州和云南怒江州。

育自我发展能力"，"最大限度调动当地群众的积极性，变要我发展为我要发展"。① 摆脱贫困需要国家、社会及贫困地区、家庭和个人等多方努力，外部帮扶是脱贫的必要条件，但帮扶是一时的，持久脱贫必须要增强自我发展能力。也就是说，扶贫减贫既要借助外力，更要激发内力，这种合力才是摆脱贫困的全部动力，否则，单靠外部救济，缺乏内在"造血"功能，经济上没有持续来源，结果还是可能前功尽弃。

在我国减贫实践中，我们不仅要看脱贫人口的规模和数量，更要看脱贫的质量标准；既要看到成绩，也要看到不足。习近平总书记指出："脱贫既要看数量，更要看质量，不能到时候都说完成了脱贫任务，过一两年又大规模返贫。"② "在肯定成绩的同时，我们也要清醒认识全面打赢脱贫攻坚战面临的困难和问题。"③ 在打好精准脱贫攻坚战座谈会上的讲话中，习近平总书记总结了我国脱贫工作取得的四大方面的主要成就，同时也强调了脱贫领域"四个意识"不强、责任落实不到位、工作措施不精准等突出问题，进而提出解决问题的思路。所以，从方法论的角度看，我国在减贫实践中充分体现了坚持"两点论"和"重点论"相统一的矛盾分析法及辩证思维的特点。在这一方法论指导下，中央到地方层层落实责任制，各级部门齐抓共管、精准施策、层层落实，才取得了最终胜利，让脱贫成效真正获得群众认可、经得起实践和历史检验。

中国的减贫经验表明，解决贫困问题要抓住经济发展这个关键，大力推动产业扶贫，同时要统筹社会、文化、生态等多方面扶贫举措。贫困问题在经济、社会、文化、生态等领域有不同的表现形式，致贫原因也纷繁复杂。从根本上说，贫困问题就是发展问题。贫困治理是

---

① 《习近平谈扶贫》，http://jhsjk.people.cn/article/28683393。
② 习近平：《在解决"两不愁三保障"突出问题座谈会上的讲话》，载《求是》，2019 年第 16 期，第 11 页。
③ 同②，第 7 页。

对贫困地区和贫困人口的一种综合性治理，既要抓住经济发展这个重点，也要推动社会、文化、生态等领域全面发展。在中国减贫过程中，中国共产党始终把发展作为执政兴国的第一要务，坚持以经济建设为中心，大力发展生产力。无论是制度建设还是体制改革，都为生产力的发展创造条件、开辟道路。正因为如此，中国经济得以持续快速发展，经济总量和综合实力不断跃升，既对减贫起到了强大的带动效应，也为大规模扶贫开发奠定了坚实基础、提供了有力保障。

发展贫困地区的经济、培育壮大贫困地区的产业，这是扶贫措施中的重中之重，因此，必须把培育产业作为推动脱贫攻坚的根本出路。在重点发展产业扶贫的同时，也要改善贫困地区生产生活条件，建立和提升贫困人口社会保障，以及卫生、教育、文化等公共服务，为贫困地区后续发展积蓄力量。

中国的减贫经验表明，解决贫困问题要标本兼治才能拔"穷根"，不能强调一个方面而忽视其他方面，这对于其他国家的减贫实践也是适用的。在我国减贫实践中，既强调坚持党的领导，又注重发挥人民群众的首创精神和主力军作用；既发挥政府主导作用，又利用好市场机制；既做好顶层设计，又重视基层鲜活的经验；既抓好经济发展，又强调生态保护、民生建设和文化繁荣等；既"授人以鱼"，更"授人以渔"；既扶贫又扶智、扶志；既鼓励外部"输血"，更注重培养持续"造血"能力，强调要"改变简单给钱、给物、给牛羊的做法，多采用生产奖补、劳务补助、以工代赈等机制，不大包大揽，不包办代替，教育和引导广大群众用自己的辛勤劳动实现脱贫致富"①。这些在实践中总结出的中国减贫智慧对其他国家的减贫事业具有很大的启发意义。

中国政府在与发展中国家开展扶贫合作方面总体上也遵循这一方法论原则。据报道，"中国农业农村部自 2012 年以来累计向非洲 11 个

---

① 习近平：《在深度贫困地区脱贫攻坚座谈会上的讲话》，载《人民日报》，2017 年 9 月 1 日，第 2 版。

国家派出 38 个组 367 人次农业专家，共向受援国传授适用技术近千项。福建农林大学依托农业技术示范中心，在卢旺达成功推广菌草种植和食用菌技术。中国援苏丹农业技术示范中心研发的棉花品种'中国 1 号''中国 2 号'显著提高当地棉花单产，种植面积连续多年占苏丹棉花种植总面积的 90% 以上。中方在布隆迪试点建设的杂交水稻减贫示范村项目帮助 4 个村庄的全体村民脱贫。此后，该模式不断推广，带动布隆迪全国建成了 22 个同类型示范村，惠及 2800 户 2.25 万人，户均年增收 1340 美元"①。这些案例鲜明体现了"授人以鱼，不如授人以渔"的真谛。外交学院非洲研究中心主任李旦认为："中非减贫合作已从过去的输血，变成了帮助非洲提升造血能力，未来双方将更加注重提质增效，产业合作、人才培养则是新的重点。"② 在东亚减贫示范合作技术援助项目中，我国一方面提供一定物资和资金支持，帮助村里修建公路，让村民用上清洁水源，另一方面，把减贫的重点放在增强贫困人口自身的"造血"意识和能力上。将有限的援助资金用于硬件和基础设施的改善，可以起到立竿见影的效果，但是这远远不够且无法持续，只有提升贫困地区和贫困人口的发展能力，强化"造血"功能，才能从根本上改变贫困面貌。在扶贫合作过程中，由于村民们对于一些脱贫项目的认识不统一，项目组就根据个人意愿和家庭条件，筛选出一批示范户，先行先试，重点帮扶，在这些示范户的引领带动下，越来越多的村民参与到减贫项目中，因为"村民们主动减贫脱困的种子已经开始发芽了"③。

---

① 隋鹏飞：《中非农业科技合作坚持"授人以渔"》，载《人民日报》，2022 年 10 月 18 日，第 18 版。

② 《非洲反贫困斗争的中国贡献》，新华社北京 2018 年 9 月 19 日电。

③ 张保：《中国减贫经验在柬落地生根》，载《经济日报》，2020 年 12 月 24 日，第 8 版。

## 第三节　中国减贫的制度体系和治理体系

习近平总书记指出："中国特色社会主义制度是当代中国发展进步的根本制度保障，是具有鲜明中国特色、明显制度优势、强大自我完善能力的先进制度。"[①] 改革开放以来，基于我国经济社会发展的整体状况和贫困问题的变化情况，我国推出大量有针对性且行之有效的减贫举措，对减贫规律的认识越来越深入，在实践中也形成了相应的减贫制度体系和治理体系。中国减贫的伟大成就彰显出我国社会主义制度优势和减贫体制的优越性。分析中国减贫成功背后的制度基础、特点、绩效和治理逻辑，无论是在理论还是实践上，对推动世界减贫进程都有启发意义。

### 一、中国减贫制度的效能与贡献

#### （一）减贫制度及其效能

制度变革是贫困治理的根本前提和基础。贫困是内嵌于一定经济、政治、社会制度框架中的复杂现象，是社会制度结构的产物。因此，观察和分析贫困治理的效能，本身就需要在制度的框架下展开。虽然不同国家和地区的减贫制度不同，贫困治理效能也存在差异，但通过对贫困治理困境的深层次原因进行剖析和对贫困治理中的制度变迁进行考察，可以找寻出贫困治理中减贫制度的重要作用。挖掘中国贫困治理制度变迁的主要线索和基本经验，能够为全球贫困治理提供参考。

贫困和反贫困的制度理论是在反思贫困和反贫困理论的基础上逐渐形成和发展的。减贫制度是建立在贫困和反贫困制度理论之上的制度设计和安排。马克思主义经典作家很早就关注无产阶级贫困的制度根源。马克思认为："工人人口本身在生产出资本积累的同时，也以日

---

① 习近平:《在庆祝中国共产党成立 95 周年大会上的讲话》,载《求是》,2021 年第 8 期,第 11 页。

益扩大的规模生产出使他们自身成为相对过剩人口的手段。"① 他从制度分析的视角展开了对资本主义私有制的严厉批判，提出了制度变革的主张，指出了解决贫困问题的关键所在。诺贝尔经济学奖获得者冈纳·缪尔达尔是较早意识到制度因素对贫困产生重要影响的经济学家。他认为，一些国家和地区的贫困"基本上是由现有制度和观念中存在的低效率、教条僵化和不平等造成的，是由这种制度和观念中包含的经济和社会权力关系造成的"②。另一位诺贝尔经济学奖获得者阿玛蒂亚·森把造成饥饿与饥荒的基本原因归结为制度因素，从而把贫困问题嵌入制度问题中去考察，为构建贫困治理的制度体系提供了思路。因此，可以看到，贫困的根源在于制度因素，要解决贫困问题就必须从更广泛层面的制度设计中寻找答案。

为了更好地解决贫困问题，一些国际组织和部分国家在减贫实践中进行了多种尝试，也认识到了制度在减贫理论和实践中的重要作用，并积极进行减贫制度的设计和创新。早在 1972 年，时任世界银行行长的罗伯特·麦克纳马拉就突破了经济增长对减贫涓滴效应的固有看法。他指出："过去大多数发展中国家，国民收入的增加并没有对穷人起显著程度的影响……贫穷问题深深植根于制度构架之中，特别深植于制度内部的经济和政治权力的分配之中。"③ 正是因为这种理念，在此后多年的反贫困实践中，世界银行特别注重反贫困的制度设计和制度创新，并在世界减贫实践中取得良好绩效。大体上说，这种减贫制度设计主要有两类：一是通过中央政府加大政策支持力度，帮助贫困地区提升经济发展水平。二是建立社会保险和救助制度等比较完备的社会福利体系，维持贫困人口的生活水平。比如，美国建立的较为完善的社会保障体系，拉美各国政府出台的教育、健康、营养等方面的社会

---

① 马克思：《资本论》（第一卷），北京：人民出版社，2004 年版，第 727—728 页。
② 冈纳·缪尔达尔著，方福前译：《亚洲的戏剧——南亚国家贫困问题研究》，北京：首都经济贸易大学出版社，2001 年版，第 21—22 页。
③ 黄渊基：《贫困与反贫困的理论变迁和实践经验》，载《云梦学刊》，2017 年第 6 期，第 50 页。

扶贫政策，非洲国家主要采用的是针对减贫的国家战略，中亚各国制定法律、组建专门机构、推出国家减贫战略，印度政府则从初等和成人教育、乡村卫生保健和基础设施建设、住房、食品、银行信贷等方面进行减贫制度设计和安排，这些都取得了一定的减贫绩效。

### （二）中国减贫制度的绩效与贡献

自新中国成立以来，在党的领导下，在长期的反贫困斗争实践中，中国建立起了与当时贫困状况相适应的贫困治理制度体系，并在实践中适时进行制度变迁和创新，才取得了今天人类减贫史上举世瞩目的成就。

党的领导是中国特色社会主义最本质的特征，是中国特色社会主义制度的最大优势，也是中国减贫事业的根本保障和根本优势。坚持中国共产党的集中统一领导，发挥党总揽全局、协调各方的领导核心作用，是高质量完成中国减贫目标任务的根本保证，也是中国减贫制度的内在要求。坚持将减贫脱贫摆在治国理政的突出位置，统筹谋划、高位推进，确保党的领导贯穿减贫全过程和各环节、坚持人民中心的减贫理念以及让人民共享减贫成果是中国减贫制度的显著特征。一部中国减贫史就是党领导人民艰辛探索、砥砺奋斗、开拓进取的奋斗史。中国共产党在长期思考和解决贫困问题的实践中，随着对贫困多样性、复杂性的认识不断加深，减贫举措也在不断改进和创新，逐渐形成了具有中国特色的贫困治理制度体系。

中国特色社会主义进入新时代，我国社会主要矛盾发生了变化，减贫实践需要进一步完善贫困治理制度体系，本质上就是坚持以人民为中心的发展思想，通过精准脱贫解决新时代最为凸显的发展不平衡不充分的问题，最终实现全体人民的共同富裕。中国精准扶贫的新实践对于如何把握贫困发生规律并逐步建立符合规律的扶贫制度安排，以及如何建立一个适应经济社会条件的贫困治理机制等进行了新的探索，并提出具体实施方案。精准扶贫、精准脱贫基本方略就由一整套完整的制度设计构成，包括脱贫攻坚的既定目标，对全部贫困人口建档立卡，建立责任、政策、投入、帮扶、动员、监督、考核等制度，为全面打赢脱贫攻坚战构筑起制度的"四梁八柱"。

中国减贫是当今世界最为成功的减贫案例，充分印证了减贫制度决定减贫绩效，减贫制度变迁和制度创新是减贫取得成功的关键。中国减贫奇迹引发国际社会的关注，也引发了学者们的思考：为什么中国可以在如此短的时间内取得如此大的减贫成就？为什么同样经济发展比较迅速的印度、巴西等国家却并没有取得相应的减贫成就？我国的经济发展成就是如何通过国家治理模式转化为减贫成就的？回答这些问题，最关键的一条就是中国特色社会主义制度具有集中力量办大事的优势，这是我国国家制度的显著优势，也是打赢脱贫攻坚战的关键所在。中国之所以能创造人类减贫史上的伟大奇迹，根本在于中国特色社会主义制度。党的集中统一领导在中国特色贫困治理体系中居于统领地位，为中国减贫事业提供了坚强有力的政治和组织保障。人民当家作主的社会主义民主制度，强化了人民中心的减贫理念。社会主义集中力量办大事的体制优势让减贫、治贫、脱贫成为 14 亿多人共同奋斗的事业。正是通过这一优势，中国的经济发展成就才转化为举世瞩目的减贫成就。中国扶贫减贫的主要经验之一就是，"充分发挥举国体制优势，最大程度动员社会力量，实现全方位和全社会扶贫"[①]。在此过程中，政府主导作用凸显，体现在组织优势和资源动员能力，协调不同层级和部门之间的关系，连接社会、市场、企业、个人等各方资源。面对复杂艰巨的减贫任务，在党的集中统一领导下，充分调动各方面积极因素，集聚社会力量，形成扶贫合力，构建社会共治的制度基础和多方协调联动的扶贫开发格局，充分体现了社会主义制度优势。正如国务院新闻办公室发布的《中国的减贫行动与人权进步》白皮书所指出："中国成为世界上减贫人口最多的国家，也是世界上率

---

① 蔡昉：《国际减贫合作：构建人类命运共同体——中外联合研究报告》，北京：社会科学文献出版社，2019 年版，第 9 页。

先完成联合国千年发展目标的国家，为全球减贫事业作出了重大贡献，得到了国际社会的广泛赞誉。这个成就，足以载入人类社会发展史册，也足以向世界证明中国共产党领导和中国特色社会主义制度的优越性。"① 欧洲科学院院士、瑞士工程院院士迪迪埃·索内特认为："中国对全球范围内减贫事业有着重要贡献，这一成功取决于中国特色的体制，中国能够积极设立目标，并具有调动大量资源去实现目标的能力，这真的是十分了不起。"②

中国制度不仅成就了"中国式减贫"，也为人类减贫事业注入了中国实践经验和智慧。比如，专项扶贫、行业扶贫、社会扶贫互为补充的大扶贫格局和跨地区、跨部门、跨单位、全社会共同参与的社会扶贫体系等都体现于中国减贫制度之中。对于这些中国特有的制度，其他国家虽不能照搬照抄，但无疑可以借鉴和参考。虽然各个国家和地区的社会制度、发展阶段、文化传统等不同，但是政府都可以主导减贫工作，通过制度设计和安排调动各方力量服务于贫困治理。要解决大批人口脱贫这样的难题，单纯靠市场经济的方式、经济发展的自然过程或一般性的福利制度安排，是很难成功的，而在这时候，精准有效的制度安排就显得尤为重要。诺贝尔经济学奖获得者阿比吉特·班纳吉和埃斯特·迪弗洛通过调查贫困人口较为集中的 18 个国家和地区，揭示了这些国家和地区贫困治理失败的主要原因，即政府和减贫机构没有真正理解贫穷，也没有真正了解贫困者的生活、教育、健康、创业、援助等等，从而导致减贫政策和制度的失败。两位学者为了弄清楚贫穷的本质，还用了大量的数据和案例揭示贫穷与饥饿、健康、教育、保险、信贷等各方面的关系。③这也说明了有效的贫困治理要克

---

① 《〈中国的减贫行动与人权进步〉白皮书（全文）》,http://politics. people. com. cn/n1/2016/1017/c1001-28784713. html。

② 《国际人士：了不起的成就 中国脱贫攻坚成就惠及世界》,http://world. people. com. cn/gb/n1/2021/0301/c1002-32039481. html。

③ 阿比吉特·班纳吉、埃斯特·迪弗洛著,景芳译：《贫穷的本质——我们为什么摆脱不了贫穷》（修订版）,北京：中信出版社,2018 年版,第 18—19 页。

服导致贫困的制度障碍，这不是某一方面的救济和治理，而是需要构建一整套相互配合、相互促进的减贫制度体系。若要学习中国减贫经验，其中关键一点就是政府必须有所作为，发挥主导作用，深入了解贫困现状，制定适用于当地情况的减贫制度，出台相应的减贫政策，这样减贫工作才能取得扎实的成效。

## 二、中国贫困治理体系的创新及启示

贫困治理体系创新是实现减贫的重要前提。在中国减贫实践中，要确保贫困人口实现脱贫致富，就必须从贫困治理体系创新这个重要方面入手，构建一套相互配合、相互促进的贫困治理体系，通过这一体系把制度优势转化为治理效能，推动中国减贫事业不断走向成功。自精准扶贫理念提出以来，党中央从中国的贫困现状出发，全面创新制度设计，形成了具有中国特色的贫困治理体系。实践证明，系统完备、科学规范、运行有效的贫困治理体系，既是我国国家制度和国家治理体系显著优势的具体体现，也为其他国家的贫困治理提供了新思路和有益借鉴。

### （一）各负其责、各司其职的责任体系

贫困治理的目标任务艰巨繁重，需要一系列系统化、规范化的责任体系做保障。按照中央统筹、省负总责、市县抓落实的管理体制，明确各级政府部门的职责。党中央、国务院主要负责统筹制定减贫大政方针，出台重大政策举措，规划重大工程项目；省级党委和政府对减贫工作负总责，抓好目标确定、资金投入、监督考核等工作；市级党委和政府要做好上下衔接、域内协调、督促检查等工作；县级党委和政府承担主体责任，做好项目落地、资金使用、人力调配等工作，从而形成省、市、县、乡、村层层落实责任制的治理格局。同时，各省自上而下地形成五级书记一起抓扶贫的主体责任制。中西部22个省份党政主要负责同志向中央签署脱贫攻坚责任书，各地建立起脱贫攻

坚党政一把手负责制，省、市、县、乡、村各级层层夯实责任，为赢得脱贫攻坚战的胜利奠定了政治基础和组织基础。

有责才有为，无论哪个国家减贫，都需要建立各负其责、各司其职的责任体系，这样才能保障减贫制度顺利执行，减贫行动产生应有的绩效。阿比吉特·班纳吉和埃斯特·迪弗洛在对贫困原因的调查中也发现，责任缺失会造成减贫效率低下，从而导致贫困人口对政府组织和非政府组织推行的一些措施的怀疑和不信任。他们以"健康预防"为例，指出了穷人们没有充分利用政府提供的方法的原因："逃出'贫穷陷阱'的'梯子'是存在的，但并非总是放在正确的地方，而且人们似乎不知道怎样踏上'梯子'，或者他们甚至根本不想那样做"，问题在于"政府保健服务者的高缺席率，以及动力的缺乏"。[①] 这种高缺席率正是责任体系的缺失导致的，从而使穷人很难信任政府系统提供的服务。相反，中国政府在减贫实践中发挥了主导作用，并进行体制机制的创新，为全球减贫走出困境树立了典范。正如习近平总书记所强调的："这个制度体系中，根本的是中央统筹、省负总责、市县抓落实的管理体制，从中央到地方逐级签订责任书，明确目标，增强责任，强化落实。这些制度成果，为全球减贫事业贡献了中国智慧和中国方案。"[②]

### （二）精准识别、精准脱贫的工作体系

"精准"是贫困治理的重中之重。习近平总书记多次强调，扶贫开发贵在精准、重在精准，成败之举在于精准，各地要想办法、出实招、见真效，做到"六个精准"。[③] 党的十八大以来，围绕精准的要求，我国各地展开了广泛的制度设计和措施安排，建立了精准识别、精准脱

---

① 阿比吉特·班纳吉、埃斯特·迪弗洛著，景芳译：《贫穷的本质——我们为什么摆脱不了贫穷》（修订版），北京：中信出版社，2018 年版，第 59 页。

② 习近平：《在打好精准脱贫攻坚战座谈会上的讲话》，载《求是》，2020 年第 9 期，第 7 页。

③ 中共中央党史和文献研究院编：《习近平扶贫论述摘编》，北京：中央文献出版社，2018 年版，第 58 页。

贫的工作体系，真正做到了真扶贫、扶真贫、真脱贫。第一，科学识贫，解决"扶持谁"的问题。识贫精准不精准，直接关系到扶贫有效不有效。精准扶贫的本意在于人民群众共享改革成果，为那些真正的贫困人群雪中送炭。国家扶贫资源有限，应该用在最需要的人群身上。第二，社会动员，解决"谁来扶"的问题。从中央到地方，将脱贫攻坚的责任落到实处，做到分工明确、责任清晰、任务到人、考核到位、各尽其责、协调运转、协同发力。第三，精准施策，解决"怎么扶"的问题。对贫困家庭和贫困人口的致贫原因进行诊断，了解贫困状况，分析致贫原因，摸清帮扶需求，并建档立卡，以此作为开展精准扶贫的依据。中国共产党提出并不折不扣地落实"五个一批"脱贫路径，并建立了与之对应的精准扶贫政策体系，支持多种脱贫方式。第四，制度保障，解决"如何退"的问题。建立贫困县摘帽和贫困户摘帽评估机制，明确退出标准、程序、核查办法和后续扶持政策。精准识别、精准脱贫的工作体系是中国消除绝对贫困的核心举措。精准识别扶持对象，是实施精准扶贫的首要环节。中国逐步形成和完善了自上而下（指标规模控制、分级负责、逐级分解）与自下而上（村民民主评议）相结合的精准识别机制，对国际减贫瞄准方法的完善具有积极意义。[1]中国政府围绕扶贫实践中产生的疑难问题，因村因户因人施策，对症下药、精准滴灌、靶向治疗的精准扶贫的工作体系与阿比吉特·班纳吉和埃斯特·迪弗洛在《贫穷的本质——我们为什么摆脱不了贫穷》一书中所描述的其他一些发展中国家贫困治理中存在的政府扶贫机构运转不畅情况形成鲜明对比，为破解现代国家贫困治理难题提供了借鉴和启示。

## （三）上下联动、统一协调的政策体系

在贫困治理实践中，中国立足本国国情，准确把握脱贫攻坚的客

---

① 黄承伟：《中国新时代脱贫攻坚的历史意义与世界贡献》，载《南京农业大学学报》，2020年第4期，第9页。

观规律，结合贫困群众需求，建立健全了上下联动、统一协调的政策体系，为脱贫攻坚提供了有力制度保障。坚持以精准为标准，实施扶贫专项工程，制定符合各地贫困实际的具体政策。开对贫困治理的"药方"，拔掉贫困群众的"穷根"，切实将减贫工作做到点上、做到根上。完善配套改革政策，破解制约贫困地区农村脱贫增收的各项体制机制障碍。中共中央、国务院、中央和国家机关各部门出台政策文件或实施方案 200 多项，内容涉及产业扶贫、易地扶贫搬迁、劳务输出扶贫、交通扶贫、水利扶贫、教育扶贫、健康扶贫、金融扶贫、农村危房改造、土地增减挂钩、资产收益扶贫等，形成强大的政策合力。①

中国共产党根据我国贫困状况的变化适时进行政策调整和完善，使得我国减贫政策不仅保持连贯性，而且更具创新性，也使减贫政策始终保持着现实的针对性。特别是这种涉及国土、金融、保险、投融资等多个领域的"1+N"的政策举措，破解了制约贫困地区农村脱贫增收的各项体制机制障碍，形成了上下联动、统一协调的政策体系，这种强有力的政策支撑实际上也回答了阿比吉特·班纳吉和埃斯特·迪弗洛在贫困人口最集中的 18 个国家和地区的调查中发现的减贫政策不统一、难落实、易受政治影响等问题，为发展中国家有效开展贫困治理提供了借鉴和思路。

### （四）保障资金、强化人力的投入体系

建立保障资金、强化人力的投入体系是中国减贫成功的重要保障。党中央、国务院总揽全局，健全脱贫攻坚的一系列财力和人力保障体系。这种保障体系包括多渠道、多样化的资金投入体系和"举国之力"人力投入体系。资金投入体系主要包括三个途径：政府、市场和社会。政府途径主要包括中央财政专项扶贫资金、省级财政专项扶贫资金和

---

① 黄承伟：《党的领导在脱贫攻坚中的作用及体现》，载《中国领导科学》，2021 年第 3 期，第 75 页。

市县财政专项扶贫资金等，通过制定、实施和监管扶贫政策来完成；市场途径是在贫困主体自主决策和市场交易的基础上形成的资金筹集方式；社会途径是吸引社会资金广泛注入贫困治理。"举国之力"人力投入体系也是中国贫困治理的创举，各地党政一把手搞调研、促检查、抓落实，形成五级书记一起抓扶贫的治理格局。向贫困村选派数以百万计的第一书记和数十万个驻村工作队。大量企业、银行、民间组织和慈善团体等群策群力，为减贫事业添砖加瓦、贡献力量。

这种保障资金、强化人力的投入体系为打赢脱贫攻坚战提供了坚强后盾，突破了单一依靠市场及市场失灵带来的问题。在政府发挥主导作用的同时，合理引入市场机制和社会资本，形成政府、市场与社会协同发力的减贫机制，是中国贫困治理的伟大创举。我们可以从《贫穷的本质——我们为什么摆脱不了贫穷》一书大量的案例描述中发现，参与贫困治理的政府、市场和社会并没有形成相互促进、相互关照的统一体，而是各行其道、互不沟通协调，从而影响了贫困治理的进度和深度。可以说，中国大量的资金投入和"举国之力"人力投入体系不仅可以为西方发达国家的贫困治理提供借鉴，而且为其他发展中国家贫困治理所面临的财力和人力两大难题打开了新视野。

**（五）因地制宜、因村因户因人施策的帮扶体系**

建立因地制宜、因村因户因人施策的帮扶体系是贫困治理落地的关键一步。一是因地制宜发展产业扶贫和就业扶贫，这是贫困治理的根本之策，聚焦产业扶贫和就业扶贫，把产业扶贫作为脱贫攻坚的主攻方向，因地制宜发展特色产业和新业态，探索创新产业扶贫模式，建立和完善产业扶贫和就业扶贫体系。二是实施易地扶贫搬迁。一方面必须保证安置区的自然条件、经济条件、社会条件优于迁出区，处理好安置区经济重组和社会重构可能引发的一系列问题；另一方面是要根据地方实际，统筹规划，稳步推进易地扶贫搬迁工作，保持稳定，真正让易地搬迁群众安居乐业。三是实施生态保护扶贫。统计数据显示，我国山区、林区、沙区占国土面积近80%，曾经分布着全国60%的贫困人口、80%的深度贫困人口、14个集中连片特困地区。近年来，我国大力推动生态扶贫工作，践行"绿水青山就是金山银山"的理念，宜农则农、宜林则林、宜牧则牧、宜开发生态旅游则搞生态旅游，大力推进生态补偿扶贫、国土绿化扶贫、生态产业扶贫，创造性地走出了一条生态治理与贫困治理相互促进的减贫之路。四是教育扶贫。党的十八大以来，党和政府采取了一系列措施，国家教育经费重点投向贫困地区、基础教育和职业教育，不断改善贫困地区的办学条件，对农村贫困家庭幼儿特别是留守儿童给予特殊关爱。五是社会保障兜底。通过社会保障兜底是扶贫不可或缺的重要一环，是聚焦特殊贫困群体，落实因地制宜、因村因户因人帮扶的具体体现。通过实施特困人员供养服务设施改造提升工程，实现了农村最低生活保障制度与扶贫政策有效衔接。

因地制宜、因村因户因人施策的帮扶体系要求缺什么就补什么，能干什么就干什么，扶到点上扶到根上。中国的减贫实践充分证明，因地制宜、因村因户因人施策的帮扶体系是有创新的、有效率的减贫体制，对广大发展中国家而言有可资借鉴之处。

### （六）广泛参与、合力攻坚的社会动员体系

中国的贫困治理是一项艰巨复杂的系统工程，需要调动各方积极参与。一是构建政府、社会、市场协作扶贫体系。中国共产党依托严密组织体系和高效运行机制，广泛有效动员和凝聚各方力量，构建政府、社会、市场协同推进，专项扶贫、行业扶贫、社会扶贫互为补充的大扶贫格局，形成跨地区、跨部门、跨单位、全社会共同参与的多元主体的社会扶贫体系。① 二是积极开展定点扶贫。中央和国家机关、

---

① 《〈人类减贫的中国实践〉白皮书》，https://www.gov.cn/zhengce/2021-04/06/content_5597952.htm。

企事业单位、社会组织等都积极行动，让所有国家扶贫开发工作重点县都有帮扶单位。三是动员全社会参与扶贫。开展产业扶贫、科技扶贫、教育扶贫、文化扶贫、健康扶贫、消费扶贫等多元化扶贫模式，引导民营企业、社会组织、公民个人参与扶贫活动，大力宣传脱贫攻坚典型案例、典型经验、典型人物，形成全社会关心扶贫工作的良好氛围。

很多国家的贫困治理并没有大力动员全社会力量，引导全社会关心减贫事业、投身脱贫行动，没有把政府、社会、市场有效联结并整合为一体，因此，也无法形成由政府主导、多方参与、合力攻坚的社会动员体系，难以激发贫困人口的奋斗精神和内在动力。"在这些国家，事情很难办成：一项关于帮助穷人的计划由于被某些人接手而失败了；教师教学散漫；建筑施工时偷工减料，车辆超载以致道路塌陷等。"① 构建广泛参与、合力攻坚的社会动员体系对广大发展中国家的贫困治理是有启发意义的。

### （七）多渠道、全方位的监督体系和最严格的考核评估体系

我国监督体系和考核评估体系贯穿贫困治理的全过程和各环节，确保了贫困治理的有效开展。一方面，建立多渠道、全方位的监督体系。建立专项巡视、民主监督、督查巡查、纪检监察、审计监督、行业监督及社会监督等多方面的监督体系。另一方面，建立最严格的考核评估体系。实行最严格的考核评估制度是打赢脱贫攻坚战的重要保障。在贫困治理行动中，我们党始终把最严格的考核评估贯穿脱贫攻坚全过程、各环节，切实加强组织领导，建立健全考核评估体系，开展了包括省级党委和政府扶贫开发工作成绩考核、东西部扶贫协作和中央单位定点扶贫工作考核评价、脱贫攻坚专项评估检查，以及扶贫政策落实情况和精准扶贫工作成效第三方评估等在内的考核评估体系，

---

① 阿比吉特·班纳吉、埃斯特·迪弗洛著，景芳译：《贫穷的本质——我们为什么摆脱不了贫穷》（修订版），北京：中信出版社，2018 年版，第 296 页。

确保扶贫开发效果。① 特别是国家精准扶贫工作成效第三方评估是全球减贫史上开展最早、规模最大的国家扶贫第三方评估，具有开创性意义，为全球减贫事业贡献了中国智慧和中国方案，为构建世界减贫与发展命运共同体、科技联合体贡献中国精准扶贫评估理论、技术与实践经验。② 多渠道、全方位的监督体系和最严格的评估体系是中国贫困治理的重要政策工具，也是重要内容和必不可少的环节，确保了扶贫工作务实、脱贫过程扎实、脱贫结果真实，使脱贫攻坚成果经得起实践和历史检验，为世界上其他国家减贫工作出现的推行不力、动力不足、效率不高等问题提供了思路和方法。

综上所述，中国特色贫困治理体系是国家治理体系和治理能力现代化的重要内容，也是减贫体制机制创新的具体表现。中国贫困治理实践证明，这是一套系统完备、科学规范、运行有效的治理制度体系，做到了把顶层设计、协同行动、有效监督和考核评估有机统一起来，符合中国实际，具有鲜明中国特色，也为全球减贫事业提供了可资借鉴的治理方案。

## 第四节　中国减贫的运行机制和减贫模式

### 一、中国减贫运行机制的特点、绩效与贡献

减贫运行机制是把贫困治理的制度体系转化为治理效能的关键。政府、市场和社会协同发力的益贫市场机制就是在中国减贫实践中成功构建的中国减贫运行机制。它不仅保障了集中行政力量高效减贫，还充分发挥了市场和社会在整个扶贫事业中的推动作用，形成了减贫

---

① 张占斌：《中国减贫的历史性成就及其世界影响》，载《马克思主义研究》，2020 年第 12 期，第 8 页。

② 刘彦随、周成虎、郭远智、王黎明：《国家精准扶贫评估理论体系及其实践应用》，载《中国科学院院刊》，2020 年第 35 卷第 10 期，第 1246 页。

内生发展的动力机制，激发了减贫实践中强大的内生力量，使贫困群众不仅成为分配的受益者，而且成为增长的贡献者。

### （一）益贫性、益贫式增长和益贫市场机制

益贫性是 20 世纪 80 年代出现的术语，顾名思义，指的是有益于穷人、偏向穷人或亲贫。例如经济益贫性、教育益贫性、产业益贫性等，就是这个层面的意思。20 世纪 80 年代以来，世界上大多数国家实现了经济增长，但贫富差距却不断加剧，贫困问题日益严重。如何在保持经济快速增长的同时，寻求更有利于穷人的增长方式？这一问题引起了国际社会和学术界的关注。"益贫性"这个词应运而生，它更加关注穷人是否会从增长中受益，寻求更有利于穷人的增长方式，使增长的利益更多流向穷人，减少贫困的同时改善不平等。[①] 这反映了国际社会和学术界对贫困人口生存境况的关注。

在大多数情况下，益贫性这个概念指经济增长的益贫性，即益贫式增长，这是发展经济学的专业术语。早在 1990 年，世界银行就提出了"基础广泛的增长"，强调利益均等化。1999 年，益贫式增长被亚洲开发银行作为减贫战略之一提出。联合国与经合组织将益贫式增长定义为有利于穷人的增长。中国学者周华将益贫式增长分为绝对益贫式增长和相对益贫式增长。绝对益贫式增长指的是穷人获得的增长的绝对利益要等于或多于非穷人获得的增长的绝对利益。相对益贫式增长是指经济增长给穷人带来的收入增长比例大于非穷人，或者穷人的收入增长率超过平均收入增长率。这意味着经济增长在减少贫困的同时还要改善不平等。[②] 也有学者认为，益贫式增长与普遍增长、包容性增长等概念一脉相承。第一，益贫式增长是机会平等的增长；第二，在增长中强调对贫困群体的关注，经济增长应有利于大多数人并且具

---

① 周华：《益贫式增长的定义、度量与策略研究——文献回顾》，载《管理世界》，2008 年第 4 期，第 160 页。

② 同①。

有持续性；第三，充分就业的增长，应该使穷人充分就业并使劳动收入增长率高于资本报酬增长速度，这样有利于缩小贫富差距。[①]

市场机制的益贫性又称为益贫市场机制，指的是中国发挥占主体地位的公有制经济对非公有制经济的引领和带动作用，提高市场机制的益贫性，补齐贫困地区的基础设施、公共服务短板，通过多种途径优化劳动者与生产资料的配置，释放贫困人口的潜在生产力，并引导、组织和支持各类经济主体与贫困户建立多种形式的利益连接机制，形成一个包容性发展的益贫市场。[②] 占主体地位的公有制经济对非公有制经济的引领和带动作用至关重要，也就是说，市场机制并非自然具有益贫性，需要政府适时地加以引领和带动。益贫市场机制是中国创造性地把政府、市场和社会在贫困治理中的作用有机结合起来，形成良性互动，促进社会更加公正和谐。在精准扶贫领域，有为政府这一"看得见的手"并非"闲不住的手"，而是必不可少的"赋能之手"。同时，有效的益贫市场并非对市场的扭曲，而是对市场的再造。"参与益贫市场运作的各个行为主体形成有机互动，有利于更好地把握住公平与效率的矛盾，实现社会公正、发展与稳定，有利于解决做大蛋糕、分好蛋糕的世纪难题。"[③]

### （二）中国益贫市场机制的特点和绩效

在"治理"视域下，贫困治理就是政府、市场、社会等多主体为解决贫困问题进行资源投入并相互协商的过程，其总体效应是减少贫困、保障贫困人口的权利、提高社会均衡。[④] 中国政府积极构建政府、市场和社会同向发力的积极态势，激发了贫困治理的主体在减贫行动

---

① 范从来：《益贫式增长与中国共同富裕道路的探索》，载《经济研究》，2017 年第 12 期，第 16 页。

② 《中国减贫学》，http://www.xinhuanet.com/politics/zgjpxzkbg/index.htm。

③ 同②。

④ 燕继荣：《反贫困与国家治理——中国"脱贫攻坚"的创新意义》，载《管理世界》，2020 年第 4 期，第 213 页。

中的不同作用，保障了中国贫困治理和中国经济增长同向同行，实现了长期经济增长的益贫性。正如《中国减贫学》所指出的，锚定共同富裕目标、依托精准手段，构建政府、市场和社会协同发力的益贫市场机制，解放贫困者的生产力，使他们不仅成为分配的受益者，也成为增长的贡献者，推动实现整个社会更加均衡、更加公平的发展。[①] 可以说，益贫性成为中国减贫运行机制的显著特征。那么，如何提升市场机制的益贫性呢？

一是政府要引导建立有利于贫困人口的市场机制。在社会主义市场经济条件下，市场在资源配置中起决定性作用，在减贫问题上也必然发挥其不可替代的作用。所以，如果没有市场经济充分发展，一个贫困国家要实现根本性减贫是非常困难的。但同时，市场并不能解决所有的贫困问题。因为市场配置资源以效率为原则，对于一般商品，市场机制完全可以发挥其调节作用，但在公共物品领域，市场失灵或无效的问题往往会比较严重。尤其是那些地理位置偏远、条件十分艰苦的贫困地区的人口，由于各方面的客观条件限制，即便他们参与市场的意愿很强烈，也很难实现经常性的市场交易。所以，总会有一些弱势群体难以有效参与市场，这就需要政府出场。一方面，政府要提高贫困人口参与市场的机会和能力，确保他们增加收入；另一方面，从风险防范和兜底保障两方面提高对贫困人口的关注和保护，最终实现经济的益贫式发展和社会的包容性发展。

二是政府需要围绕收入分配进行干预。除了充分发挥政府在减贫工作顶层设计方面的核心作用，还需要通过必要的行政方式影响扶贫资源的分配去向。主要手段是增加公共服务供给、提高扶贫资源配置精准度、出台鼓励带贫益贫的政策、广泛拉动社会投资、推动资产收益转移等，从而增加贫困地区、贫困人口对要素市场和产品市场的准入机会，并降低风险和减少脆弱性。这样就使贫困人口的劳动技能提

---

① 《中国减贫学》，http://www.xinhuanet.com/politics/zgjpxzkbg/index.htm。

升、减贫能力增强、增收空间被打开、市场参与度提高，从而获得高于全社会平均水平的收入增长比例。

三是政府必须在坚持统揽经济社会发展全局中推动减贫工作。在实践中，中国政府狠抓扶贫成效，出台了一系列减贫政策，从而保障了行政力量在贫困治理中的作用，成为减贫全过程的关键主导。无论是贫困识别、干预、退出机制的执行，还是减贫成效评估机制、保障性社会政策体系的完善；无论是精准扶贫、精准脱贫基本方略的制定，还是扶贫工程的实施；无论是通过多层级政府间合力协作制度安排提升政府扶贫整体效能，还是构建政府、市场、社会协同推进和各种扶贫政策和方式相互促进的扶贫格局，都彰显了一个有为政府在减贫实践中的决心和努力。可以说，中国政府在贫困治理行动中发挥了主导性作用，这是中国减贫的根本动力。

### （三）中国益贫市场机制对世界其他国家和地区贫困治理的启发

习近平总书记指出："为了打赢这场攻坚战，我们将把扶贫开发作为经济社会发展规划的主要内容，大幅增加扶贫投入，出台更多惠及贫困地区、贫困人口的政策措施，提高市场机制的益贫性，推进经济社会包容性发展，实施一系列更有针对性的重大发展举措。"[①] 益贫市场机制是中国减贫成功不可或缺的基础条件，更为全球贫困治理提供了可资借鉴的思路。

第一，要发挥好政府与市场的作用。改革开放以来，我国取得巨大经济发展成就的一个关键因素，就是我们在坚持社会主义制度的前提下，充分发挥了市场经济的基础性和决定性作用。中国成功的减贫实践再一次证明，在减贫过程中，市场和政府是相辅相成、相得益彰的。

那么，中国是怎样发挥市场机制的益贫性的呢？一是使市场在资

---

① 习近平：《携手消除贫困 促进共同发展——在 2015 减贫与发展高层论坛的主旨演讲》，载《人民日报》,2015 年 10 月 17 日,第 2 版。

源配置中起决定性作用，完善市场机制。二是调动各类经济主体参与贫困治理的积极主动性，激发市场活力。三是促进贫困人口的市场参与度，形成更有利于贫困群体的经济发展环境，"强化贫困地区的发展和贫困人口就业、创业工作，引导、组织和支持扶贫龙头企业、创业致富带头人与贫困户建立多种形式的利益联结机制，形成一个包容性的益贫市场"①。通过这种益贫市场机制，有效缓解人民日益增长的美好生活需要和发展不平衡不充分之间的矛盾，让习近平总书记所期望的"让资源变资产、资金变股金、农民变股东，让绿水青山变金山银山"② 这一山乡巨变图变为现实，实现经济发展带动减贫、减贫促进经济发展的互益关系。

可以说，没有一个有为政府的引导和带动，一个国家的经济发展一定不能带动大规模的减贫，甚至还会出现经济增长与贫困加剧并行的悖论和困境。也就是说，经济增长并非一定能带来大规模的减贫效果。这也从实践上驳斥了一种声音，即中国大规模的减贫只是经济高速发展的结果。我们也能观察到，同期和中国一样保持经济快速增长的其他发展中国家，比如印度，却未实现大规模的减贫。显而易见，有些经济增长并不具有益贫性。中国减贫机制的成功运行充分说明了益贫式经济增长和益贫市场机制对贫困治理的重要推动作用。正如《中国减贫四十年：驱动力量、借鉴意义和未来政策方向》一文所示，中国解决绝对贫困问题的两大支柱是基础广泛的经济改革发展和政府主导的扶贫战略与政策。③ 中国减贫成功不仅得益于引入市场激励机制，而且得益于扶贫战略和社会保障体系的实施和运行，得益于中国政府的有效治理，得益于建立一个政府、市场和社会多主体共同参与、协同发力的益贫市场机制。

---

① 《中国减贫学》，http://www.xinhuanet.com/politics/zgjpxzkbg/index.htm。

② 《让绿水青山造福人民泽被子孙——习近平总书记关于生态文明建设重要论述综述》，http://politics.people.com.cn/n1/2021/0603/c1001-32120968.html。

③ 《中国减贫四十年：驱动力量、借鉴意义和未来政策方向》，http://www.cikd.org/ms/file/getimage/1516697201483554817。

习近平总书记指出："我们是在中国共产党领导和社会主义制度的大前提下发展市场经济，什么时候都不能忘了'社会主义'这个定语。之所以说是社会主义市场经济，就是要坚持我们的制度优越性，有效防范资本主义市场经济的弊端。我们要坚持辩证法、两点论，继续在社会主义基本制度与市场经济的结合上下功夫，把两方面优势都发挥好，既要'有效的市场'，也要'有为的政府'，努力在实践中破解这道经济学上的世界性难题。"① 在整个减贫行动中，正是坚持政府主导和市场运作的有机统一，充分发挥政府和市场"两只手"的作用，才让有效的益贫市场机制发挥出重要作用。构建政府、市场和社会同向发力的益贫市场机制是中国减贫实践中的一个重大创新，为陷入经济增长与贫困加剧并存这一困境的国家和地区提供了贫困治理的新方案。

第二，要激发社会力量的广泛参与。习近平总书记反复强调，守望相助、扶危济困是中华民族的传统美德。扶贫开发是全党全社会的共同责任，要动员和凝聚全社会力量广泛参与。社会力量作为贫困治理不可缺席的一股深层活水，为中国减贫事业提供了强大能量，也为其他国家和地区减贫行动提供了重要参考。

从全球视野来看，任何单一的减贫力量在应对兼具多样性和复杂性的贫困问题时都会感到力不从心。中国在减贫行动中，不仅充分发挥了中国政府在扶贫工作中的主导性作用，构建了益贫市场机制，而且还调动了全社会力量的参与，形成了以扶贫对象的需求为导向、系统性的扶贫思路与精准性的扶贫方法相结合、扶贫资源的有效供给与扶贫对象的实际需求相衔接的新格局。比如，2015 年 10 月，中国开展的"万企帮万村"行动，广大民营企业积极履行社会责任，踊跃投身减贫实践，通过产业帮扶、资助帮扶、合作帮扶、捐赠帮扶等不同方式，支持发展了大批富民产业、吸纳贫困群众广泛就业，激发了贫困群体和个体的内生动力，为中国减贫行动和经济社会发展作出了积

---

① 习近平：《不断开拓当代中国马克思主义政治经济学新境界》，载《求是》，2020 年第 16 期，第 9 页。

极贡献，也为世界减贫行动打开了新的思路。正如盖茨基金会主席比尔·盖茨所指出的："即使在世界其他地区发展都有所改善的情况下，最贫穷地区的最贫穷人民仍然发展缓慢。为改变这一现状，全世界都需要加大投入。中国已经证明，通过集中精力改善最贫困地区人民的生存和生活条件，这种变化就会成为可能。借鉴中国的成功经验，将为解决全球发展不平等问题带来曙光。"①

## 二、中国减贫若干模式的特点、绩效与贡献

中国贫困治理是一项复杂社会工程，是制度体系、管理体系、运行机制和减贫模式相互衔接、相互支持的过程。在减贫实践中，我们努力把政府的引领作用与民众的自发创造有机结合起来，在自上而下与自下而上的良性互动中，形成了产业扶贫、科技扶贫、教育扶贫、健康扶贫、消费扶贫等各具特点的多渠道、多元化的减贫运行机制和模式。这些中国的减贫模式凝聚着中国人民的智慧和创造，成为世界减贫事业的宝贵财富。

### （一）稳定脱贫的产业扶贫模式

产业扶贫就是通过产业化经营策略，增加当地贫困人口的收入，提高贫困地区对自然、历史或文化资源的利用效率，增加地方的财政收入。可以说，产业发展是脱贫致富最直接、最有效的办法，也是增强贫困地区"造血"功能、帮助贫困群众就地就业的长远之计。② 统计数据显示，中国90%以上建档立卡贫困人口得到了产业扶贫和就业扶贫支持，三分之二以上靠外出务工和产业脱贫。③ 产业扶贫成为稳定脱贫的根本之策。

---

① 比尔·盖茨：《中国为解决全球发展不平等带来曙光》，载《人民日报》，2019年10月1日，第10版。

② 《〈人类减贫的中国实践〉白皮书》，https://www.gov.cn/zhengce/2021−04/06/content_5597952.htm。

③ 《中国减贫学》，http://www.xinhuanet.com/politics/zgjpxzkbg/index.htm。

在产业扶贫实践中，我们虽有失败的教训，但也积累了很多成功的经验。这些宝贵经验为世界其他国家和地区的减贫工作提供了借鉴和启发。一是实施产业扶贫要因地制宜。产业扶贫万不可搞"一刀切"，必须根据贫困地区的实际情况发展特色产业。对贫困地区独具特色且有经济价值的自然资源和人文资源进行深入调研分析，合理规划，开发出既符合当地实际又有市场需求的产业，鼓励支持具有本地特色的电商、旅游等新业态和新产业发展，拓宽产业发展空间。二是实施产业扶贫要处理好政府行为与市场逻辑之间的关系。产业发展是脱贫致富的主要出路。产业发展必须尊重市场规律，坚持市场导向，瞄准市场需求，这是产业脱贫的基本要求，但由于贫困地区的产业弱质属性，以及市场风险的可控性问题，产业发展往往面临诸多约束条件。因此，政府应着力解决产业扶贫的薄弱点，特别要加强农村基础设施建设，在调研分析的基础上把握产业发展方向，创新产业扶贫方式。比如把中央财政专项扶贫资金和其他涉农资金投入设施农业、光伏、乡村旅游等项目形成的资产，折股量化到贫困村，推动产业发展，增加群众收入，破解村集体经济收入难题。[①] 从世界范围看，尽管导致贫困的原因各不相同，但收入匮乏是贫困的主要方面。要提高贫困人口的收入，就必须有产业的支撑。可以说，产业扶贫既是中国贫困治理的有效模式，又为全球贫困治理提供了可行性方案。

## （二）激发内驱力的科技扶贫模式

科学技术具有益贫效应是我国在多年扶贫实践中总结出来的有益经验。科学技术是实现贫困农户精准识别与精准帮扶的重要支撑，通过扶贫信息化建设助力"六个精准"的达成；通过开展科技扶贫行动促进贫困地区特色产业的优化升级和粮食生产的提质增效；通过科技创新为贫困人口提供农业新品种、新技术和电商营销的新模式，打破

---

① 《〈人类减贫的中国实践〉白皮书》，https://www.gov.cn/zhengce/2021-04/06/content_5597952.htm。

了市场的空间限制，推动了工业品下乡与农产品进城双向流通，助推了"互联网+"扶贫模式。中国扎实推进科技扶贫，2014 年至 2021 年，中央财政累计投入 21.4 亿元实施"边远贫困地区、边疆民族地区和革命老区人才支持计划科技人员专项计划"，累计培养 2 万余名懂技术、会经营、善管理的乡土人才。① 2012 年至 2021 年，建立科技帮扶结对 7.7 万个，选派科技特派员 28.98 万名，投入资金 200 多亿元，实施各级各类科技项目 3.76 万个，推广应用先进实用技术、新品种 5 万余项，支持贫困地区建成创新创业平台 1290 个。②

在国际减贫事业中，中国与发展中国家科技减贫合作成果颇丰。20 世纪 90 年代初，联合国粮农组织将推广杂交水稻列为解决发展中国家粮食短缺问题的首选措施，已在世界上几十个国家和地区试验和推广，成为援助发展中国家的重要项目之一。中国菌草技术早在 1994 年就被联合国开发计划署列为"中国与其他发展中国家优先合作项目"，到 2021 年，菌草技术已推广到 100 多个国家和地区。国务院扶贫办数据显示，中国在向其他发展中国家实施援助的过程中派遣了 60 多万援助人员，培训各类人员达 1200 多万人次。③ 科技扶贫对发展中国家有很强的适用性，因为无论哪个国家，无论处于什么样的发展水平，也无论实行什么样的社会制度，科技扶贫实施起来都具有收效快、易推广的特点。依靠科学技术推动减贫行动是中国减贫的重要经验之一，也是可以向广大发展中国家推广的重要模式之一。

### （三）阻断贫困代际传递的教育扶贫模式

扶贫先扶志，扶贫必扶智。"要激发贫困人口内生动力，把扶贫和

---

① 《科技作支撑 脱贫动力强》，https://www.gov.cn/xinwen/2021-02/19/content_5587663.htm。
② 同①。
③ 《中国减贫科技造福全球》，http://www.gov.cn/xinwen/2019-10/16/content_5440564.htm。

扶志、扶智结合起来。"① 只有以"智志双扶"为导向，把发展教育扶贫作为贫困治理的根本大计，保障贫困人口的子女能接受良好的基础教育，不断提升其摆脱贫困的能力，才能从根本上阻断贫困的代际传递。就中国的教育扶贫来说，从将教育扶贫定位为脱贫攻坚的优先任务，到完善我国的教育扶贫体系，再到"扶教育之贫"和"依靠教育扶贫"，我国出台的系统完备的教育扶贫政策和举措有力推动了教育扶贫实践的健康发展。从教育扶贫的实践来看，通过补短板、强能力等具体教育扶贫行动，增加贫困地区的教育投入，改善当地的教育资源环境，提高贫困地区的办学水平和教育质量，让贫困地区学生有学上、上好学，不让一个孩子因贫失学。同时，大力发展职业教育，让职业教育成为脱贫致富"发动机"，帮助贫困人口掌握脱贫知识和技能，提高科学文化素质，增强贫困地区的智力支撑，以人力资源开发带动产业发展，促进贫困地区经济社会发展，最终实现减贫脱贫的目标。联合国教科文组织非洲优先和对外关系助理总干事马多戈认为，人类为消除贫困奋斗了数十年，发展面向全民、有质量的教育对社会发展具有关键作用。中国的成功实践表明，教育和技能培训对消除贫困具有基础性作用，教育能够阻断贫困代际传递。②

教育扶贫是对扶贫内在发展规律的回应，维系着社会公平正义与个体发展愿景。③ 如果青年劳动力多受教育1年，其工资就会增加10%。④ 教育不是一朝一夕可以完成的事情，教育扶贫也需要在实践中持续发力和跟进，需要教育扶贫政策体系的有力推动。一些发展中国家和地区也实施了与教育有关的扶贫政策，但效果不甚理想，其中一

---

① 中共中央党史和文献研究院编:《习近平扶贫论述摘编》,北京:中央文献出版社,2018年版,第142页。

② 《中国教育扶贫成就获全球专家学者高度评价》,http://www.moe.gov.cn/jyb_xwfb/s5147/202104/t20210406_524611.html。

③ 袁利平、姜嘉伟:《教育扶贫何以可能——基于教育扶贫机制整体性框架的再思考》,载《教育与经济》,2021年第1期,第3页。

④ 《中国教育扶贫成就获全球专家学者高度评价——人类历史上的一大壮举》,http://www.moe.gov.cn/jyb_xwfb/s5147/202104/t20210406_524611.html。

个重要因素正是缺少了教育扶贫政策体系的推动和教育扶贫行动的持续跟进。"良好的制度却未必能得到真正落实。而且,这还取决于制度中有多少成分能在实践中发挥作用。"① 中国教育扶贫模式的成功之处就在于系统完备的教育扶贫政策体系的持续发力,这也为正在致力于减贫行动的国家和地区提供了新的参照。

### (四) 阻断致贫返贫的健康扶贫模式

健康扶贫是健康中国建设和中国贫困治理的重要组成部分。在精准扶贫理念指导下,健康扶贫聚焦医疗保障问题,形成了多层次、多元协调、多方位的贫困群体健康保障体制机制,是解决贫困人口因病致贫返贫的重要举措。一是全面提升县域医疗卫生服务能力,保障贫困人口享有基本医疗卫生服务。二是因户因人因病精准施策,有效防止因病致贫返贫。积极实施健康扶贫工程"三个一批"行动计划,即"大病集中救治一批、慢病签约服务管理一批、重病兜底保障一批",根据患病情况,实施分类分批救治,确保健康扶贫落实到人、精准到病,有效解决因病致贫、因病返贫问题,为农村贫困人口脱贫提供健康保障。三是强化健康危险因素控制,努力构建健康环境,提升贫困地区群众健康水平。②

中国在实践中创新的各种健康扶贫模式为其他国家尤其是发展中国家的减贫实践提供了生动的样板。中国各地涌现出各具特色的健康扶贫方式和大量鲜活的健康扶贫案例,都生动证明了健康扶贫是阻断致贫返贫的重要途径。尤其是对于发展中国家的贫困人口来说,一场大病足以让贫困群体陷入更加贫困的境地。这也是阿比吉特·班纳吉和埃斯特·迪弗洛所描述的"健康陷阱",他们认为,健康确实可能产

---

① 阿比吉特·班纳吉、埃斯特·迪弗洛著,景芳译:《贫穷的本质——我们为什么摆脱不了贫穷》(修订版),北京:中信出版社,2018年版,第272页。

② 《关于印发解决贫困人口基本医疗有保障突出问题工作方案的通知》,http://www.gov.cn/xinwen/2019-07/19/content_5411722.htm。

生很多不同的陷阱，他们拜访了一个债台高筑的家庭，"这个家庭似乎掉进了一个典型的'贫穷陷阱'之中——父亲的病使他们陷入了贫穷，导致孩子的病没钱治，从而耽误了上学，他的未来也因此笼罩在贫穷的阴影之下。……每一种情况都可能使当前的不幸转化成未来的贫穷"①。而中国精准实施大病集中救治、慢病签约管理、重病兜底保障，这种健康扶贫模式可以成为让其他发展中国家贫困人口跳出"健康陷阱"的真正"梯子"。

### （五）动员全社会力量参与的消费扶贫模式

社会治理视角下的消费扶贫是一种贫困治理工具，是指在政府的引导和组织下，社会各界主动消费来自贫困地区的产品，扩大其市场和销路，以帮助贫困人口不断增加收入的脱贫方式。这里的产品除了当地的农产品、手工艺品和其他加工制成品以外，还包括餐饮、旅游休闲、娱乐等服务或体验产品。政府通过鼓励消费扶贫的方式，直接促进了贫困地区的经济发展，提高了贫困人口的收入，深受贫困地区和贫困人口的欢迎。广泛动员各级党政机关、企事业单位、社会团体等定点购买贫困地区农产品，同时加强贫困地区网络通信、电子商务、仓储物流设施建设，为这些地区实施消费扶贫创造条件。2018 年 12 月，国务院办公厅发布《关于深入开展消费扶贫 助力打赢脱贫攻坚战的指导意见》，文件指出："坚持政府引导、社会参与、市场运作、创新机制，着力激发全社会参与消费扶贫的积极性，着力拓宽贫困地区农产品销售渠道，着力提升贫困地区农产品供应水平和质量，着力推动贫困地区休闲农业和乡村旅游加快发展。"② 截至 2020 年 11 月底，中西部 22 个省份共认定 164 543 个扶贫产品，涉及 1857 个县和 46

---

① 阿比吉特·班纳吉、埃斯特·迪弗洛著，景芳译：《贫穷的本质——我们为什么摆脱不了贫穷》(修订版)，北京：中信出版社，2018 年版，第 52 页。

② 《关于深入开展消费扶贫 助力打赢脱贫攻坚战的指导意见》，http://www.gov.cn/gongbao/content/2019/content_5361792.htm。

426个供应商，已销售3069.4亿元。消费扶贫的创新模式将现代生产力注入贫困乡村，更新了落后生产方式和传统生产关系，实现了帮助农产品流通升级、精准挖掘用户需求、精准配置供应链和匹配供销两端，成为巩固脱贫攻坚成果的长效举措。①

中国的消费扶贫行动之所以能在短时间内取得成效，原因在于充分发挥了政策引导作用，建立了政府、市场、社会广泛参与的消费扶贫格局，凝聚了各方合力。无论是产品目录体系、销售标准体系、运营服务体系、社会动员体系、价格监管体系、宣传推介体系的完善健全，还是构建线上线下营销网络，推动单位购销、结对助销、企业带销、活动展销、电商营销、旅游促销等消费扶贫模式的开展，都离不开政府力量的引导、市场力量的推动和社会力量的参与，可以说，政府引导、市场重塑与社会动员共同构成了消费扶贫的长效整合机制。这种基于信任的整合机制是中国消费扶贫模式成功开展的基石，也为世界其他国家的消费扶贫提供了可借鉴的经验。

---

① 孙伶伶:《持续推进消费扶贫行动》,载《经济日报》,2021年1月2日,第6版。

# 第五章　中国特色减贫道路的世界贡献

## 第一节　中国特色减贫道路为发展中国家减贫提供了全新选择

贫困是几乎所有发展中国家都需要面对的重大挑战。在不同的社会经济条件下，发展中国家采取了各式各样的减贫战略和模式，有巴西的"家庭补助金计划"、柬埔寨"政府减贫战略"、乌干达的"消灭贫困行动计划"、泰国政府的"低收入者福利项目登记"等等。从取得的绩效和国际影响来看，中国的减贫道路无疑最受瞩目，影响也最为巨大和深远。越来越多的发展中国家开始对中国减贫道路和模式产生兴趣，中国减贫的很多具体做法和经验在不少发展中国家落地生根、开花结果。中国在减贫方面为发展中国家提供了大量可资借鉴的理念、做法和经验。

### 一、中国特色减贫道路激发了发展中国家摆脱贫困的信心

条件的相似性决定经验和理论的适用性，发展中国家发展的起点比较接近，有比较类似的社会经济条件和外部环境，也面临共同的发展机遇和挑战。这些现实因素决定了这些发展中国家和中国一样都面临着摆脱贫困的难题。中国最初的贫困状况与其他多数发展中国家相

似，甚至一些发展中国家的减贫起始条件比中国要好很多，但没有任何一个国家取得像中国这样的减贫成就，有的国家减贫事业出现停滞不前甚至倒退的现象，有的国家大多数人口还处于极端贫困的境地。过去 40 多年，中国是全球减贫事业的最大贡献者，无论从规模、成就，还是世界影响来说，这都是当之无愧的。作为拥有 14 亿多人口的发展中大国，我们实现了全面脱贫，对于其他发展中国家来说无疑是一个巨大的鼓舞，也极大增强了发展中国家走出贫困的信心。这主要源于两个方面：

一是中国在减贫方面取得的成就、经验及榜样效应。通过短短数十年的努力，我们从与绝大多数发展中国家一样贫困落后，发展到如今实现了全部贫困人口摆脱绝对贫困，取得了令世人叹为观止的成就。世界银行前行长金墉认为："中国在消除贫困方面是世界上最有经验的国家。"[①]中国的减贫实践证明，只要思路、方法选择正确，贫困是可以消除的。在早期的减贫之路上，许多发展中国家将贫困原因归结为政府的管制、落后的产业政策、市场不够开放等，然而，一味照搬西方经济理论的条条框框并没有使这些发展中国家发展起来，更没有使其摆脱贫困，反而陷入了各种社会经济困境之中。而中国根据自身国情，把握贫困治理规律，在不同时期选择不同的减贫战略和政策，因地制宜、因时而变，成功走出了一条中国特色减贫道路，实现了我国减贫事业的全面胜利。这对广大身处"贫困陷阱"的发展中国家来说，无疑是一个巨大的鼓励，也给他们增添了信心。曾任老挝国家主席的本扬对此曾评价道："亲眼看到中国人民在中国共产党的坚强领导下推进脱贫攻坚事业取得的巨大成就，深入了解中国共产党团结带领人民群众开展扶贫减贫工作积累的宝贵经验，更加坚定了老挝深入推进扶

---

① 殷淼：《世行行长：中国在消除贫困方面是世界上最有经验国家》，载《环球时报》，2015 年 9 月 28 日，第 4 版。

贫事业，早日摆脱欠发达状态的信心和决心。"① 肯尼亚国际问题专家卡文斯·阿德希尔认为："对于其他发展中国家而言，尤其是非洲这个发展中国家最为集中的大洲而言，我们需要向中国学习，寻找办法来减少和消灭贫困。"② 很多发展中国家看好中国减贫经验，是因为中国减贫的成功给这些发展中国家带来了实实在在的脱贫希望。例如，同样身为发展中国家的斯里兰卡为减贫而实施的农业改革就是借鉴了中国的减贫经验，专门建立了"乡村对话"落实机制。曾任该国总统的戈塔巴雅·拉贾帕克萨表示，希望学习借鉴中国共产党治国理政经验，就脱贫攻坚等问题与中方加强交流合作，推动斯里兰卡"乡村对话"与中国精准扶贫、乡村振兴战略对接。斯里兰卡政府还专门成立"乡村对话"落实机制，加快推进相关工作。③ 尼日利亚中国研究中心主任查尔斯·奥努奈居撰文称，中国脱贫攻坚对全球其他地区特别是非洲的关键影响在于，贫困不该被视为一种天命，而是一种社会危害，只要具备必要的政治意愿、集中且可持续的政策框架，就可以消灭它。非洲要做的第一步，便是打破由部分宗教和习俗构筑的谎言——贫困是一部分人的天命。④

二是中国始终用实际行动支持广大发展中国家走出贫困。中国在致力于消除自身贫困的同时，积极开展南南合作，同舟共济，攻坚克难，支持和帮助广大发展中国家特别是最不发达国家消除贫困，为各国人民带来更多福祉。我国先后为 160 多个发展中国家提供多种不同方式的援助，包括无偿援助、项目援建、低息贷款、培养人才等，为120 多个发展中国家落实千年发展目标提供帮助，实施了数千个成套

---

① 韩晓明、邵玉姿：《中国减贫成就具有重大的世界意义》，载《人民日报》，2020 年 10 月 13 日，第 3 版。

② 《脱贫攻坚，中国经验吸引世界目光》，http://www.xinhuanet.com/politics/2020lh/2020-05/27/c_1126038645.htm。

③ 《中国是如何消除绝对贫困的？》，https://www.fmprc.gov.cn/web/gjhdq_676201/gj_676203/yz_676205/1206_676884/1206x2_676904/202104/t20210429_9181606.shtml。

④ 《非洲学者：中国脱贫鼓舞了我们，贫困非天命》，https://www.guancha.cn/internation/2020_12_29_576116.shtml。

和物资援助项目，开展了上万个技术合作和人力资源开发合作项目，为发展中国家共培训各类人员 40 多万人次。另外，中国民间组织也在国际减贫中发挥着重要作用。例如，中国扶贫基金会在尊重当地、需求导向、伙伴合作、可持续的原则基础上，自 2005 年至 2020 年，先后在 24 个国家和地区展开了国际人道救援及减贫发展项目，总投入超过 2 亿元，惠及约 90 万人次。我国还不断与其他国家进行专项减贫交流合作，在充分尊重发展中国家的选择的情况下，不局限于对发展中国家提供贷款、减免债务等常规直接援助，为其减贫提供切实的物质基础保障，更重要的是关注其发展所需，通过基础设施建设、人才培养、技术培训、经验交流等帮助广大发展中国家增强自身发展能力，促进更多发展中国家更好融入全球供应链、产业链、价值链，从而从根本上实现其减贫、脱贫的美好愿景。

## 二、中国特色减贫道路为发展中国家减贫提供了宝贵经验

改革开放以来，中国实现了快速发展与大规模减贫同步、经济转型与消除绝对贫困同步，积累了具有借鉴意义的普遍性经验。在自身的减贫实践中，中国总结了许多成功的经验和做法，如坚持精准扶贫；坚持政府和市场相结合，创新扶贫方式；坚持突出贫困群众主体地位；等等。如果从其他发展中国家可借鉴的角度来看，至少有以下四个方面值得重视。第一，坚持将脱贫攻坚置于治国理政的突出位置。将减贫纳入执政目标、执政方略、执政方式等治国理政的诸要素之中加以谋划。新中国成立 75 年来，党和政府高度重视扶贫工作，特别是党的十八大以来，习近平总书记驰而不息，高位推进，作出一系列新决策新部署，提出一系列新思想新观点，为新时代贫困治理提供了根本遵循和行动指南。阿根廷学者帕特里西奥·吉乌斯托认为："我深信，中国减贫事业之所以能够取得成功，离不开中国共产党极富远见的领导力，……中国政府为脱贫攻坚绘制了一张蓝图——严格制定的标准、具体可行的阶段性目标、详细的推进措施、对成果的评估检验等，为

减贫事业提供了制度保障。"① 第二，坚持突出贫困群众主体地位。我们坚持为了人民和依靠人民相统一，既坚持一切为了人民，一切从贫困群众的实际需要出发，真正解决贫困群众急难愁盼的问题，也突出贫困群众在脱贫攻坚中的主力军作用，激发贫困群众的主动精神和内在动力，提升贫困群众建设和发展自己家园的主人翁意识，使他们通过自身努力过上更加美好的生活，彻底改变了一部分贫困群众听天由命、随遇而安的消极思想。对此，印度学者卡玛奇亚表示："很多国家为解决贫困问题出台了很多举措，做了很多事情，但成效不佳。中国注重让贫困人口在摆脱物质贫困的同时，摆脱意识贫困，调动贫困民众积极性，这是难能可贵的。"② 第三，准确认识政府与市场在减贫工作中的角色。从各国减贫实践看，许多发展中国家减贫成效不佳的原因之一就在于，没有发挥好政府与市场的各自优势。中国政府在减贫问题上不仅没有选择"华盛顿共识"所期望的"政府退出"，反而发挥着主导和枢纽作用，主要体现在各级政府在脱贫规划、制度安排、政策配套、人力和物力资源投入、落实考核监督机制等方面的全方位参与。与此同时，中国利用市场机制，通过企业投资、制度配套、技术培训、资源供给等，为贫困地区创造就业机会，提供适宜的经济发展环境，进而帮助贫困人口实现脱贫目标。第四，探索符合本国实际的减贫体制机制。为了确保贫困人口实现脱贫致富，中国始终强调减贫体制机制的创新，构建一套相互配合、相互促进的贫困治理体系。正是高效的贫困治理体制和机制把中国的制度优势转化为治理效能，为推动中国减贫事业的成功发挥了关键作用。匈牙利前总理迈杰希·彼得认为："中国能够消除贫困是基于自身的经济增长、社会稳定与和谐发展，关键是设立目标、长远规划，并通过系统持续的方式一以贯

---

① 帕特里西奥·吉乌斯托：《中国减贫经验值得借鉴》，载《人民日报》，2020 年 10 月 9 日，第 3 版。

② 《中国减贫之路"优质高效"——国际人士积极评价中国脱贫攻坚成就》，载《人民日报》，2018 年 2 月 1 日，第 3 版。

之地加以落实，从而实现经济发展，增进人民福祉。"①

## 第二节　中国特色减贫道路推动全球贫困治理不断完善

### 一、中国特色减贫道路为全球贫困治理提供新选择

当前，全球贫困治理缺乏价值共识，主要发达国家的国际减贫责任意识淡漠，而发展中国家减贫能力不足，二者呈现出很大反差。西方国家主导的国际货币基金组织、世界银行等国际组织通过"华盛顿共识"、西式援助、"减债计划"等方式推进全球贫困治理进程，但事实上，减贫成果乏善可陈，全球仍有数以亿计的绝对贫困人口，而且近些年来全球贫困人口不降反增。欧美主导的国际机构把持着全球贫困治理话语权，而不少发展中国家贫困治理能力仍然较弱、自我发展能力低下、发展动力不足等情况说明全球贫困治理亟待变革。

第一，西方国家主导的"华盛顿共识"存在致命缺陷，其所坚持的新自由主义意识形态主要以贸易、金融自由化和经济私有化相结合的方式推动发展中国家的贫困治理。这种在西方资本控制下的激进式市场化改革往往导致发展中国家经济失调、通胀高企、贫困问题加剧、政局动荡等。此外，西方国家在推行贸易自由化的同时，对本国商品实施出口补贴，对外设置关税和贸易壁垒，这也在一定程度上固化了发展中国家在市场竞争中的劣势地位。第二，西方国家主导的国际减贫战略有着强烈的利己主义印记，其国际减贫战略和政策附带大量的政治条件，使广大发展中国家只能处于被动接受的位置。如墨西哥曾多次接受世界银行附加条件的大额贷款，后在美国强加的"结构性调整计划"的影响下，该国国内出现收入严重不平等、社会分化加剧、失业率和犯罪率飙升等一系列社会问题。同样，一些拉美国家全盘接

---

① 《为推动构建人类命运共同体贡献中国力量——习近平主席在全国脱贫攻坚总结表彰大会上重要讲话引发国际社会热烈反响》，载《人民日报》，2021年2月27日，第3版。

受了新自由主义政策，短期内经济似乎得到快速发展，但在以美国为首的发达国家利己主义经济政策的冲击下，始终成为外来大资本"收割"的对象，最终难以摆脱经济持续低迷、贫困问题加剧的困境。第三，西方国家在援助发展中国家方面的责任缺失问题久拖不决。1968年，联合国贸易和发展会议首次提出，发达国家每年将国民生产总值（后改称国民总收入）的 0.7% 用于向发展中国家提供援助。1970 年，联合国大会通过该目标。2002 年，在墨西哥蒙特雷召开的发展筹资问题国际会议上，这一目标再次被确认。以美国为例，根据经合组织统计，自有记录以来，美国从未兑现这一承诺。从 20 世纪 90 年代至今，美国每年提供的官方发展援助仅占其国民总收入的 0.1%—0.2%，远低于 0.7% 的承诺目标。2011 年，联合国最不发达国家问题会议通过了《2011—2020 十年期支援最不发达国家行动纲领》（《伊斯坦布尔行动纲领》），发达国家承诺将国民总收入的 0.15%—0.2% 用于对最不发达国家的援助，但美国从未履行这一责任，其对最不发达国家的援助占国民总收入的比重长期低于 0.1%。① 由于发达国家未能兑现援助承诺，使得发展中国家发展融资赤字巨大。2022 年 7 月初，联合国发布的《2022 年可持续发展目标报告》指出，所有 17 项可持续发展目标的实现均处于不可预期状态，包括在疫情影响下，4 年多来在减贫方面取得的进展也付诸东流，这对全球减贫努力造成了严重冲击。

《科学》杂志在创刊 125 周年之际，总结了人类面临的 125 个重大科学难题，其中一个难题就是"为什么改变撒哈拉地区贫困状态的努力几乎全部失败？"其实，这从一个侧面反映了全球贫困治理的困境，也折射了中国减贫的成功和不易。中国特色减贫道路可以在价值理念、方法手段等方面为全球贫困治理提供重要借鉴，在很多具体实践层面也可以提供相关指引。尽管中国在减贫早期也面临着主体参与性低、基层治理弱、重量轻质等问题，但最终走出了一条举世公认的成功减

---

① 《美国对外援助的伪善本质和事实真相》，https://www.caitec.org.cn/n6/sy_xsyj_yjbg/json/6644.html。

贫道路，完成了消除绝对贫困的艰巨任务。研究中国特色减贫道路的世界意义并不是向国际社会提供现成且可复制的减贫模式，而是分享我国的减贫价值理念、责任体系和实施方案等贫困治理方面的成果，以促进国际减贫交流合作，推动全球贫困治理的不断完善。从现实角度看，近些年来，以联合国相关机构和世界银行为主要代表的国际组织开始重视从中国减贫经验中吸收有益养分，并将其应用到当下及未来的全球减贫议程中。另外，随着中国综合国力的不断增强，中国向国际社会提供公共产品的能力也不断跃升，所提供的公共产品的范围扩大、种类增多、领域不断拓展，总体上呈现出从比较单一的物质型供给向理念型、制度型供给转变的趋势。中国特色减贫道路不仅给世界各国减贫事业带来物质和技术方面实实在在的帮助，而且最为关键的是，为其他发展中国家减贫提供更多理念型、制度型公共产品，为发展中国家减贫事业提供有别于西方的更多选择，从而推动全球贫困治理突破现有瓶颈，实现深层次变革。

## 二、中国特色减贫道路推动构建全球贫困治理新格局

全球贫困治理是全球治理的核心议题之一。当前，国际形势动荡不安，逆全球化现象凸显，全球贫困治理仍处于"碎片化"状态，同时面临多种问题和挑战，比如，贫困人口规模大且分布不均、贫困类型出现新的变化、特定群体受损严重、贫困治理领导力缺乏、治理体制机制僵化落后，以及资金供给严重不足、世界不稳定性、不确定性加剧等，全球贫困治理总体上处于滑坡状态，加快构建全球贫困治理新格局迫在眉睫。

中国减贫是全球减贫的重要组成部分。中国特色减贫道路的成功显著缩小了世界贫困人口版图，也改变了全球贫困治理格局，为人类消除绝对贫困提供了成功案例，大大缩短了全球贫困治理进程，提前10年实现《联合国2030年可持续发展议程》减贫目标。20世纪90年代，世界80%的绝对贫困人口分布在南亚、东亚和太平洋地区。经过

几十年的努力，世界贫困人口明显减少，从区域来看，东亚和太平洋地区减贫绩效最为突出，而中国为提升该地区减贫绩效作出了最大贡献。随着中国贫困人口的大规模减少，撒哈拉以南非洲及南亚地区成为全球贫困人口主要集中地。

中国特色减贫道路不断推动全球贫困治理格局朝着更加积极的方向发展。第一，中国在致力于本国减贫事业的同时，带动世界其他国家搭乘中国发展的"快车""便车"，客观上有利于促进更多国家的减贫、脱贫，推动全球贫困治理的良性发展。第二，中国在全球贫困治理上坚定维护并践行多边主义，是全球减贫共同体的积极倡导者、践行者。中国在原有的国际减贫机制上进行创新和完善，积极推进新的贫困治理机制，帮助构建符合发展中国家情况的贫困生成阻断机制、区域帮扶互助机制与减贫止贫联防机制等。此外，中国还为全球减贫提供资金、技术等多方面支持。如通过亚洲基础设施投资银行推进普惠金融，通过定向金融服务促进亚洲地区减贫和发展等。据国际货币基金组织研究，在新兴市场推进普惠金融，可使贫穷率下降4%，贫困人口减少2000万。第三，加快共建"一带一路"和一系列国际发展合作，通过直接援助、合作交流、人才培训等多种形式，为其他国家提供发展机遇，特别是为消除共建"一带一路"国家的贫困现象带来历史性机遇。目前，世界银行确认的29个低收入国家中的21个已与中国签订了共建"一带一路"合作文件。由于共建"一带一路"倡议推动了共建国家的经济发展，带来了巨大减贫效应，因此这一倡议也可以被视为一个全球性的减贫倡议。世界银行2019年发表的研究报告《一带一路经济学：交通走廊的机遇与风险》显示，仅共建"一带一路"倡议的交通基础设施建设就能够缩短走廊沿线经济体的运输时间，从而降低贸易成本、扩大贸易、增加外资、减少贫困。[1] 第四，基于中国特色减贫道路的成功经验和务实、创新、有效的中国减贫方案，通

----

① 李云龙：《全球贫困治理的中国方案》，载《学习时报》，2020年1月17日，第A2版。

过扶贫外交不断推动全球贫困治理体系的渐进变革。一是与世界银行及联合国的专门机构合作。二是与经合组织发展援助委员会合作。三是参与《联合国 2030 年可持续发展议程》的制定。四是将减贫和发展内容纳入二十国集团、金砖国家、上海合作组织等机制。[①] 通过这些国际组织和平台，中国与国际社会一道共同完善全球贫困治理体系，在推动构建全球贫困治理新格局中发挥重要作用。西班牙东亚问题专家圣地亚哥·卡斯蒂约评价道："中国积极参与全球贫困治理，不断深化减贫领域交流合作，通过共建'一带一路'，助力沿线国家和地区创造就业、改善民生、摆脱贫困，为广大发展中国家落实千年发展目标提供助力。"[②] 在全球发展日趋失衡、全球减贫事业任重道远的背景下，中国特色减贫道路的成功正在全球产生积极的"溢出效应"，有力推动了全球减贫事业进程，鼓舞了世界各国消除贫困的信心，为全球贫困治理贡献了中国力量。

## 第三节　中国特色减贫道路促进国际人权进步

### 一、中国消除绝对贫困是当代世界最大人权工程和最好人权实践

贫困不单纯是经济问题，还不可避免地关涉公民基本权利的问题。贫困及与之相关联的饥荒、疾病、纷争冲突等一系列全球性问题，是实现人类对美好生活追求和人类基本人权的最大障碍。中国政府坚持以人民为中心的发展思想，把人民的生存权、发展权放在首位，高度重视改善和发展民生，让发展成果更多更公平地惠及全体人民，在促进中国人权事业发展的同时，也为世界各国的减贫发展和人权事业发展提供了示范。

---

① 赵懂文：《中国扶贫外交研究》，中共中央党校博士学位论文，2017 年 6 月，第 53—54 页。
② 龚鸣等：《"为全球减贫事业作出巨大贡献"——多国人士积极评价〈人类减贫的中国实践〉白皮书》，载《人民日报》，2021 年 4 月 10 日，第 3 版。

　　中国政府始终坚持把保障贫困人口的生存权、发展权作为减贫工作的第一要务，这也彰显了中国人权发展的鲜明特色。生存权、发展权受到保障，意味着全体人民都有权参与、促进并享受经济、社会、文化等各方面发展成果，意味着权利公平、机会公平、规则公平有了保障。中国完成新时代脱贫攻坚目标任务，标志着我国彻底告别了延续数千年的绝对贫困。"两不愁三保障"得以落实，自主增收与脱贫能力稳步提高，教育、医疗、住房、饮水等各方面条件明显改善，真正做到了既满足贫困人口的基本生存需要，也为其后续发展奠定了基础。正如《中国共产党尊重和保障人权的伟大实践》白皮书所指出的："中国在减贫事业上取得的巨大成就，不仅改写了中国人权事业发展史，也创造了世界人权保障新奇迹。"①

　　消除绝对贫困保障了贫困人口的基本生活水准权及其他社会经济文化权利。贫困人口的粮食权得到切实保障，实现了免于饥饿的基本人权；饮水安全得到保证，贫困地区自来水普及率超过 83%；国家投入大量资金帮助贫困群众改造危房，2008 年至 2020 年，有 8000 多万农村贫困人口住上了安全住房；② 农村义务教育学校办学水平和教育质量得到大幅提升，贫困家庭子女义务教育阶段辍学问题实现动态清零，截至 2020 年，贫困县九年义务教育巩固率达到 94.8%，实现了贫困地区适龄儿童都能上幼儿园、小学；③ 贫困人口基本医疗保险参保率稳定在 99.9%以上，基本实现应保尽保；98%的贫困县至少有一所二级以上医院，1936 万贫困人口纳入农村低保或特困救助供养政策，6098 万贫困人口参加了城市居民基本养老保险，真正实现贫困人口学有所教、病有所医、老有所养、弱有所扶，切实保障了贫困地区群众的生存权、

---

　　① 《中国共产党尊重和保障人权的伟大实践》，http://www.qstheory.cn/yaowen/2021-06/24/c_1127593906.htm。

　　② 《全面建成小康社会：中国人权事业发展的光辉篇章》，https://www.gov.cn/xinwen/2021-08/12/content_5630894.htm。

　　③ 《抒写教育脱贫攻坚的伟大史诗——全国教育系统决战决胜脱贫攻坚纪实》，http://www.moe.gov.cn/jyb_xwfb/s5147/202102/t20210226_514986.html。

发展权。①

　　注重保障弱势贫困群体的权利，把贫困地区少数民族、残疾人、妇女、老年人、儿童作为重点扶贫对象，加大对弱势群体的扶贫力度，为其定制减贫方案，实现了贫困对象需求与资源供给的有效衔接。为保障弱势贫困群体的权利，我国制定了一系列政策，如《"十三五"促进民族地区和人口较少民族发展规划》《国家贫困地区儿童发展规划（2014—2020 年）》《农村残疾人扶贫开发纲要（2011—2020 年）》等，这些政策涉及范围广，影响程度深，有力促进了特定群体的发展及人权的进步。在贫困地区妇女的权利保障问题上，我国不仅注重保障贫困妇女的生存权，而且努力改善贫困妇女的健康和发展状况。在贫困地区儿童的权利保障方面，除保障贫困儿童的生存权外，还促进对贫困地区未成年人受教育权的保护，尤其注重提升贫困地区儿童的教育质量。在贫困地区老年人口的权利保障方面，老年人口的权利保障体系不断完善，加强农村养老服务，建立健全养老服务补贴制度，全力保障贫困地区老年人口的生存权和健康权。在保障贫困地区残疾人权利方面，以残疾人基本民生保障、就业创业增收、基本公共服务为重点领域，提出一系列重要举措，保障贫困地区残疾人口的生存权和发展权。国家出台大量针对少数民族贫困地区和贫困人口的扶持政策，加大财政投资，推进基础设施建设，改善少数民族贫困人口的生产生活条件，有力促进少数民族贫困地区的发展进步，同时使少数民族贫困人口的各项权利得到进一步保障。

　　中国全面消除绝对贫困是中国人权事业进步的标志性成就。中国把消除绝对贫困看作发展人权的重要内容，并从制度、法律、政策等层面加以落实和保障。这真正反映出人民当家作主的制度属性，体现了人民对美好生活向往的共同价值追求，符合人类社会的道义期待，

---

　　① 《〈人类减贫的中国实践〉白皮书》，https://www.gov.cn/zhengce/2021 - 04/06/content_5597952.htm。

也从根本上超越了西方关于人权的种种抽象言论、不切实际的幻想和偏见。从这个意义上说，中国消除绝对贫困是当代世界最大人权工程和最好人权实践，这无疑对世界人权事业的进步产生重大而深远的影响。

## 二、中国特色减贫道路为推动世界人权发展提供强大动能

中国减贫速度快于其他国家，减贫人口远超其他国家，中国还建成了世界上最大规模的教育、社会保障和医疗体系。在短短数十年的时间里，中国贫困治理发生了历史性的变化，这不仅使中国人权保障的范围更加广泛，而且从整体上提高了世界人权事业的发展水平，为国际人权发展提供新动能。

中国积极参与世界减贫行动，推动贫困国家及地区的经济发展，保障贫困人口的生存权、发展权。纵观世界各国，贫困问题仍然是阻碍各国发展的重要问题。发达国家的贫困问题无法根治，发展中国家的贫困治理也陷入泥潭，全球贫困治理进展缓慢。我国以构建人类命运共同体的责任担当积极为世界减贫事业贡献中国方案，始终坚持多边主义，凝聚国际减贫合力，推动建立以合作共赢为核心的新型国际减贫交流合作关系，大力支持发展中国家减贫事业，帮助他们增强自身发展能力，为发展中国家人权发展注入新活力、增添新动力。我国提出的共建"一带一路"倡议对发展中国家的减贫及人权发展起到促进作用，得到联合国及发展中国家的积极响应和高度赞扬。世界银行发布的研究报告显示，共建"一带一路"倡议全面实施可使3200万人摆脱日均生活费低于3.2美元的中度贫困状态，表明共建"一带一路"倡议将有力提升更多国家的人权保障水平。①

新冠疫情暴发以来，中国始终坚持生命权是最大的人权，生存权

---

① 《美国对华认知中的谬误和事实真相》，http://world. people. com. cn/n1/2022/0620/c1002-32450962. html。

和发展权是首要的基本人权，在全球范围内实施了新中国成立以来规模最大的全球人道主义行动，为破解"分配赤字"、弥合"免疫鸿沟"，缓解全球的"疫情-贫困综合症"作出了重要贡献。新冠疫情大流行造成全球贫困加剧，使世界上许多贫困人口本已糟糕的生活条件更加恶化，造成更多的流离失所、粮食短缺、营养不良，使贫困人口获得基本公共服务的机会进一步减少。中国最早承诺并真正做到了将新冠疫苗作为全球公共产品，最早支持疫苗研发知识产权豁免，也是最早同发展中国家开展疫苗生产合作的国家。中国优先向不发达国家提供物资援助、医疗支持、疫苗援助和合作，为实现贫困人口的疫苗可及性和可负担性作出了表率。截至 2022 年 12 月，中国已为 120 多个国家和国际组织供应超过 22 亿剂新冠疫苗，向 153 个国家和 15 个国际组织提供数千亿件抗疫物资。[①] 中国全面落实二十国集团"暂缓最贫困国家债务偿付倡议"，目前是缓债金额最大的国家。中国向国际货币基金组织防灾救济基金等抗疫基金项目提供 558 万特别提款权资金支持，协助国际货币基金组织支持低收入国家应对疫情和实现债务可持续。面对全球发展赤字，中国号召各国加入全球发展倡议，并将减贫作为重点领域之一，发布了首批项目清单。中国还成立国际民间减贫合作网络，积极筹建全球减贫与发展伙伴联盟。这些都旨在促进减贫经验分享，推动减贫国际合作。[②] 目前，已有 100 多个国家和包括联合国在内的 20 多个国际组织支持该倡议，已有 82 个国家加入"全球发展倡议之友小组"。[③] 全球发展倡议还写入中国同东盟、中亚、非洲、拉美、太平洋岛国等合作文件。中国的努力广泛凝聚了国际共识，形成了协同合作的发展合力，为国际减贫与人权事业发展提供了坚强

---

① 《携手同心共克时艰——中国为国际抗疫作出重要贡献》，新华社北京 2023 年 1 月 14 日电。

② 《2022 年 10 月 17 日外交部发言人汪文斌主持例行记者会》，https://www.mfa.gov.cn/web/wjdt_674879/zcjd/202210/t20221017_10784783.shtml。

③ 《全球发展倡议为全球可持续发展注入新动力》，http://www.qstheory.cn/dukan/hqwg/2024-10/14/c_1130209359.htm。

支撑。正如爱尔兰学者费利姆·赫德梅尔所说："中国在当今世界扮演了至关重要的角色，中国可以在东西方和南北方国家间架起桥梁，为促进世界和平和人权治理发挥独特作用。"①

## 第四节　中国特色减贫道路极大拓展了人类反贫困理论

### 一、中国特色减贫道路推动了马克思主义反贫困理论的创新发展

马克思、恩格斯通过对资本主义的研究发现，资本主义大工业生产使得占国家统治地位的资产阶级陶醉于资产的增加和财富的积累，无休止地剥削和榨取工人的剩余价值，导致工人阶级物质上陷入贫困，精神上极端匮乏，不可能实现自由而全面的发展。马克思主义认为，反贫困问题与资本主义制度密不可分。资本主义的生产方式是造成无产阶级贫困的最终根源，而无产阶级是反贫困的领导力量，要想从根本上消除贫困就必须通过无产阶级革命推翻资本主义统治。马克思主义的反贫困目标与推翻资本主义、实现共产主义的内在逻辑是一致的。人类社会想要彻底解决贫困问题，就必须从根本上打破并改造资本致贫的内在机制。中国共产党将马克思主义反贫困理论的基本原理同中国的具体实际相结合，形成了中国特色反贫困理论，在引领中国减贫实践的同时，推动了马克思主义反贫困理论的创新发展。

理论来源于实践。伟大的中国脱贫实践催生出中国特色反贫困理论。在全国脱贫攻坚总结表彰大会上，习近平总书记系统论述了脱贫攻坚实践中形成的中国特色反贫困理论：坚持党的领导，为脱贫攻坚提供坚强政治和组织保证；坚持以人民为中心的发展思想，坚定不移走共同富裕道路；坚持发挥我国社会主义制度能够集中力量办大事的政治优势，形成脱贫攻坚的共同意志、共同行动；坚持精准扶贫方略，用发展的办法消除贫困根源；坚持调动广大贫困群众积极性、主动性、

---

① 王莉：《为国际人权事业发展贡献力量》，载《人民日报》，2022年7月11日，第3版。

创造性，激发脱贫内生动力；坚持弘扬和衷共济、团结互助美德，营造全社会扶危济困的浓厚氛围；坚持求真务实、较真碰硬，做到真扶贫、扶真贫、脱真贫。① 这"七个坚持"深刻总结了中国减贫事业取得重大成就的成功经验，清晰揭示出中国特色反贫困理论的深刻内涵和内在逻辑，集中体现了中国特色减贫道路的成功实践所蕴含的减贫智慧，是马克思主义反贫困理论中国化的最新成果。

中国特色反贫困理论从减贫的指导理念、目标、领导力量、现实路径等方面实现了对马克思主义反贫困理论的深化发展。第一，从减贫理念看。马克思主义认为，人民是历史的创造者和真正的英雄。中国共产党在坚持马克思主义这一基本原理的基础上明确提出以人民为中心的发展思想，强调人民是反贫困的主体，必须依靠全体人民的力量来摆脱贫困。第二，从减贫目标看。马克思主义反贫困终极目标是建立共产主义社会，实现每个人自由而全面的发展。在具体的反贫困问题上，中国共产党提出"消除贫困、改善民生、逐步实现共同富裕，是中国特色社会主义的本质要求"的论断，并把消除贫困和实现共同富裕作为我们党的重要使命。这不仅拓展了马克思主义反贫困目标，而且丰富和发展了社会主义本质理论。第三，从减贫的领导力量看。马克思主义认为，只有在无产阶级政党的领导下，才能更好地把工人阶级组织起来消除贫困。中国共产党代表最广大人民群众的根本利益，帮助人民群众摆脱贫困必然成为中国共产党光荣的历史使命，中国共产党也必然是中国减贫事业的坚强领导核心。第四，从减贫的现实路径看。马克思主义认为，发展生产力是消除贫困的根本途径。无产阶级只有实现生产力的充分发展，才能彻底摆脱贫困问题。中国特色反贫困理论揭示了摆脱贫困的科学方法和实践路径，始终紧扣大力发展生产力，并创新了生产力的发展途径。中国还创造性地发展出独具特色的减贫方法和模式，极大拓展了马克思主义反贫困理论的减贫方式。

---

① 习近平：《在全国脱贫攻坚总结表彰大会上的讲话》，载《人民日报》，2021年2月26日，第2版。

此外，从中国特色社会主义发展全局的高度确定脱贫攻坚的战略地位，充分发挥政府和市场各自优势，探索出效率与公平兼容的减贫道路，等等，都是对马克思主义反贫困理论的重大创新发展。可以说，中国特色反贫困理论作为马克思主义反贫困理论中国化的重大理论成果，既丰富和拓展了马克思主义反贫困理论的科学内涵，也进一步扩大了马克思主义反贫困理论在国际反贫困理论中的影响。

## 二、中国特色减贫道路的成功实践丰富和发展了国际反贫困理论

反贫困理论的演进发展伴随着人类对贫困问题认知的不断深化和拓展。贫困和反贫困是国内外学者的重要研究领域，不少学者因此获得了诺贝尔经济学奖。据统计，历史上已有 7 位经济学家因贫困问题的研究成果而获得该奖。从学术界看，在经济学、社会学、政治学等领域出现了大量研究贫困相关问题的著作和论述，主要围绕贫困认知、贫困解释、贫困治理等方面展开，如在经济学领域产生了一系列以经济增长促进反贫困的理论研究，包括均衡增长理论、区域发展理论、多元发展理论、家庭经济反贫困理论等；在社会学、政治学等领域亦产生了相应的反贫困理论，如文化贫困理论、代际传递理论、权利贫困理论等；国际机构、民间组织等参与的反贫困实践推动了反贫困理论研究范式的拓展，形成了参与式扶贫理论、社会资本反贫困理论等。[①] 从总体上看，国际上绝大多数有影响力的反贫困理论主要来自西方国家，尽管也有不少发展中国家的学者取得了很好的研究成果，但他们中很多学者接受的教育及运用的研究方法也基本来自西方或深受西方影响。

西方减贫理论通过几十年的发展，构筑了比较完备的理论体系，取得大量理论成果，其研究视角宽广、思路开阔、方法独特，确实有

---

① 黄承伟、刘欣、周晶：《鉴往知来——十八世纪以来国际贫困与反贫困理论评述》，南宁：广西人民出版社，2021 年版，第 13 页。

很多理论具有开创性和实用性。但从整体上看，这些理论也存在诸多弊端。西方学者对于贫困和反贫困的研究往往"囿于功利主义和平等主义两类观念，进而形成了个人主义反贫困与结构主义反贫困两种路径。个人主义反贫困理论强调激发'贫困者'个人的主体性，主要依靠个人努力来摆脱贫困"①。如有些理论侧重从个人发展层面进行分析，提出如"收入贫困""能力贫困""权利贫困"等概念，强调贫困个体的致贫原因、利益诉求等，得出的结论更多是微观层面的反贫困方案。有些理论习惯从单一领域或从单一主体出发，如针对某一部门、特定区域或某些要素进行研究，主要为了解释贫困发生的原因，而无法提供有针对性的解决方案。有些理论强调从设定苛刻的条件出发，经过分析推理构建出相应的减贫模型，由此提出减贫对策，这有助于理解特定情形的贫困问题，但对解决普遍性、规模性贫困问题难以发挥作用。就西方减贫理论整体而言，其基本立场及自由主义、平等主义和实证主义等的逻辑缺陷，决定了其整个减贫理论体系难以为发展中国家开出真正科学的减贫药方。从世界各国实际情况看，贫困问题有其特殊性，造成贫困的原因更是复杂多样，西方国家提出的减贫方案和措施往往难以有效应对和解决发展中国家纷繁复杂的贫困问题，也就决定了西方反贫困理论难以有效指导人类减贫实践。前世界银行经济学家威廉·伊斯特利曾指出，世界上的穷人面临着两大悲剧。第一个悲剧尽人皆知，即全球有数亿人极度贫困，亟待发展援助。而很多人避之不谈的第二个悲剧是，几十年中发达国家投入了数以万亿美元的援助，却收效甚微。这两个悲剧可以统称为"伊斯特利悲剧"②。这一"悲剧"正是西方反贫困理论内在逻辑缺陷所导致的必然结果。

中国减贫立足于中国基本国情，以马克思主义反贫困理论为指导，从减贫理论和实践的艰辛探索中把握了中国贫困治理的内在规律，形

---

① 高强：《脱贫攻坚与乡村振兴的统筹衔接：形势任务与战略转型》，载《中国人民大学学报》，2020 年第 6 期，第 30 页。

② 蔡昉：《全球化：从广泛参与到多边治理》，载《北京日报》，2019 年 5 月 20 日。

成了中国特色反贫困理论。这一理论突破了西方反贫困理论在研究领域、视角和方法路径等方面的局限性，在诸多方面实现了对于西方反贫困理论的超越。这一理论突破了西方减贫理论自身狭隘的资产阶级利益，确立了人民中心的减贫理念，将实现人的解放和自由而全面的发展作为减贫的根本目标，通过创造益贫、帮扶等机制帮助贫困人口摆脱贫困，而非西方国家通常所依靠的非政府组织、慈善及政府救济的方式短期摆脱贫困。在这一理论指导下，将解决贫困问题置于国家治理体系的优先地位，并作为核心议题，通过调动国家力量制定反贫困战略目标、配套政策制度和贯彻落实机制等，以保障反贫困任务的落实，从而实现了对西方反贫困理论所强调的市场主导减贫体制的超越。这一理论在减贫过程中充分发挥中国共产党集中统一领导的政治优势和社会主义制度集中力量办大事的制度优势，充分发挥各方主体在减贫实践中的优势和作用，形成多元主体和全社会共同参与的扶贫大格局，从执政党领导、社会制度优势发挥、减贫主体多元化、减贫目标等方面实现了对西方减贫理论的方法与体系的超越。从世界范围看，西方减贫理论对解决发展中国家贫困问题的指导意义越来越受到质疑，而中国特色反贫困理论引领中国打赢脱贫攻坚战，并为今后推进乡村振兴、实现共同富裕提供了科学指引，也必将鼓舞饱受贫困问题困扰的发展中国家探索符合自身国情的减贫道路。

中国特色减贫道路在实践中催生出一系列减贫新观点、新思想，既为我国解决贫困问题提供了理论指引，也是对人类反贫困理论的重大发展。随着中国减贫事业的不断推进和发展，反贫困事业仍然会面临各种各样的困难和挑战。我们还要归纳分析、梳理和提炼中国贫困治理的成功经验和实践智慧，对大规模减贫实践、减贫规律作进一步探索和总结，不断促进中国减贫知识体系的完善，这有助于打破西方对国际减贫话语体系的垄断，为国际反贫困理论作出来自发展中国家的新贡献。

## 第五节　中国特色减贫道路有助于推动构建人类命运共同体

### 一、中国特色减贫道路为构建人类命运共同体注入中国力量

消除贫困是构建人类命运共同体的应有之义。习近平总书记曾明确提出："让我们携起手来，为共建一个没有贫困、共同发展的人类命运共同体不懈奋斗！"① 中国在致力于消除自身贫困的同时，积极同世界各国开展减贫经验的交流与合作，更深入地参与和改善全球贫困治理，努力帮助其他国家探索减贫之路，为全球减贫提供科学指引，为构建远离贫困、共同繁荣的人类命运共同体付出了艰辛努力。

10多年来，在世界各国的共同努力下，全球贫困人口大幅度减少，但当前还有近10亿人口仍然处于极端贫困之中，特别是新冠疫情导致的经济衰退对世界各地的贫困人口造成了严重冲击。根据世界银行的报告，2020年，全球有数千万人因疫情陷入极端贫困，几乎完全吞噬了近4年来世界上最贫穷国家的减贫成果。在这一国际背景下，中国彻底消除绝对贫困显得尤为不易，也更加令人瞩目。中国以自身的实际行动和成就书写了人类减贫史上"最成功的脱贫故事"。离开了中国的减贫努力和重大贡献，"全世界生活在绝对贫困标准以下的人口数减半"的千年发展目标就无法实现，《联合国2030年可持续发展议程》确立的消除极端贫困的首要目标就更加无法企及。2021年2月，中国宣布消除了绝对贫困。古特雷斯致信习近平主席，表示"这一重大成就为实现2030年可持续发展议程所描绘的更加美好和繁荣的世界作出了重要贡献"，"中国取得的非凡成就为整个国际社会带来了希望，提供了激励"。② 中国减贫道路的成功为世界各国特别是广大发展中国家树立了标杆和榜样，也坚定了世界各国消除贫困、促进均衡发展的决

---

① 中共中央文献研究室编：《十八大以来重要文献选编》(中)，北京：中央文献出版社，2016年版，第723页。

② 《〈人类减贫的中国实践〉白皮书》，https://www.gov.cn/zhengce/2021-04/06/content_5597952.htm。

心和信心，为构建没有贫困、共同发展的人类命运共同体注入强大能量和动力。

中国脱贫攻坚的胜利向全世界发出了更为积极的信号，为加速世界减贫进程、实现《联合国2030年可持续发展议程》的减贫目标吹响了前进的号角。作为一个已经彻底消除了绝对贫困的最大发展中国家，中国不遗余力地投身于国际反贫困事业，以坚定的信念、高度的责任感携手世界各国共同推动建立一个没有贫困、共同繁荣的美好世界。中国特色减贫道路的成功实践对于构建人类命运共同体的作用体现在，中国不仅致力于消除自身贫困，也为其他发展中国家减贫提供不附加任何政治条件的援助，提倡受援国基于本国实际情况探索适合本国的减贫道路。比如，在南太平洋岛国，中国援助的菌草种植技术让当地大批贫困人口成了脱贫致富"领头羊"，后来这一技术传播到100多个国家和地区，成为无数贫困家庭走出绝境的希望，农民们发自内心地称之为"幸福草"。中国杂交水稻在数十个国家和地区得到推广，为80多个发展中国家培训超过1.4万名杂交水稻专业技术人才，在马达加斯加、几内亚比绍等国，说一株株杂交水稻真正成为很多贫困人口的"救命稻草"毫不为过……几十年来，中国人一直真心实意、脚踏实地地深化国际减贫合作，对世界的减贫事业默默付出，让团结和友谊的种子在世界各地生根发芽。中国在中非合作论坛、"一带一路"国际合作高峰论坛等国际场合主动提供推进减贫的中国方案，如通过设立南南合作与发展学院、南南合作援助基金、中国–联合国和平与发展基金，落实"100个减贫项目"，实施东亚减贫示范合作技术援助项目等实实在在的举措，支持广大发展中国家的减贫事业。新中国成立75年来，中国向亚洲、非洲、拉丁美洲和加勒比地区、大洋洲和欧洲等地区160多个国家和国际组织提供多种形式的援助，减免有关国家债务，为广大发展中国家落实千年发展目标提供帮助。[①] 此外，中国提出

---

① 《〈人类减贫的中国实践〉白皮书》，https://www. gov. cn/zhengce/2021 - 04/06/content_5597952. htm。

了共建"一带一路"倡议，设立了丝路基金，成立了亚洲基础设施投资银行，这些重大举措有力带动了共建国家的经济发展，为各国更好实现减贫与发展提供了大量宝贵支持。中国提供给世界的减贫方案助力世界各国特别是发展中国家减贫发展，为促进全球消除贫困、构建繁荣发展的人类命运共同体作出了重大贡献。正如习近平总书记在全国脱贫攻坚总结表彰大会上所说："纵览古今、环顾全球，没有哪一个国家能在这么短的时间内实现几亿人脱贫，这个成绩属于中国，也属于世界，为推动构建人类命运共同体贡献了中国力量！"①

## 二、中国特色减贫道路为构建人类命运共同体贡献中国智慧和中国方案

摆脱贫困是人类命运共同体的重要目标之一，是全人类追求的美好理想，也是各国人民的天然权利。以习近平同志为核心的党中央心系天下，"既为十一亿人脱贫而深受鼓舞，也为八亿多人仍然在挨饿而深为担忧"②。2015 年 10 月，习近平总书记向全世界发出倡议，呼吁各国共建一个没有贫困、共同发展的人类命运共同体，彰显了中国对于全球减贫事业的责任担当。这一倡议不仅契合了中华民族几千年期盼的摆脱贫困、追求富裕的美好理想，而且引发了世界各国人民的情感共鸣，更是顺应了各国人民企盼和平安定、幸福生活的历史潮流。中国是人类命运共同体理念的最早提出者和倡导者，同时是构建人类命运共同体的实践者和贡献者。为实现这一目标，中国按照共商共建共享的原则与世界其他国家共同做大经济发展这块大蛋糕，不断寻求消除贫困的最佳路径，不断扩大与世界各国人民利益交汇的最大公约数。

贫困治理的中国方案作为消除贫困的方式和手段，对构建人类命

---

① 习近平：《在全国脱贫攻坚总结表彰大会上的讲话》，载《人民日报》，2021 年 2 月 26 日，第 2 版。

② 习近平：《携手消除贫困 促进共同发展——在 2015 减贫与发展高层论坛的主旨演讲》，载《人民日报》，2015 年 10 月 17 日，第 2 版。

运共同体具有重要意义。正如习近平总书记所指出的："每个国家在谋求自身发展的同时，要积极促进其他各国共同发展。世界长期发展不可能建立在一批国家越来越富裕而另一批国家却长期贫穷落后的基础之上。"①作为世界上最大的发展中国家和负责任大国，中国历来把自身的前途命运同世界各国人民的前途命运紧密联系在一起，使中国发展成果不断惠及全球。中国倡导打造"甘苦与共、命运相连的发展共同体"，就是要在全球倡导一种全新的发展模式，"让发展更加平衡，让发展机会更加均等、发展成果人人共享"，从根本上突破各种经济社会条件的约束、缩小贫富分化扩大趋势、促进世界各国人民共享发展成果。②特别是 2021 年 9 月，习近平主席在第七十六届联合国大会上提出全球发展倡议，为深化全球减贫合作、推动世界各国共同发展提供了行动指南。

中国特色减贫道路推动建立以合作共赢为核心的新型国际减贫交流合作关系，为消除贫困、构建人类命运共同体提供了重要保障。开放合作是推动构建人类命运共同体的灵魂和精髓所在。中国倡导和践行多边主义，积极参与多边事务，支持联合国、世界银行等继续在国际减贫事业中发挥重要作用；同各方一道优化全球发展伙伴关系，推进南北对话，加强南南合作，为全球减贫事业提供充足资源和强劲动力。2020 年 11 月 22 日，在二十国集团领导人第十五次峰会第二阶段会议上，习近平主席指出，要打造包容性、可持续、有韧性的未来，不断推进全球减贫事业至关重要。他同时强调，面对新冠疫情冲击，我们比以往任何时候都更需要拿出切实举措。中国愿同各国一道，合力建设远离贫困、共同发展的美好世界。③中国提倡国际社会交流分享减贫经验，并通过发起和参与减贫论坛、会议等交流活动及开展国际

①　习近平：《习近平著作选读》（第一卷），北京：人民出版社，2023 年版，第 105—106 页。

②　习近平：《共担时代责任，共促全球发展》，载《求是》，2020 年第 24 期，第 9 页。

③　《习近平出席二十国集团领导人第十五次峰会第二阶段会议》，载《人民日报》，2020 年 11 月 23 日，第 1 版。

减贫培训等方式进行国际减贫交流合作，助力世界减贫事业发展，如举办"中非合作论坛——减贫与发展会议"、"摆脱贫困与政党的责任"国际理论研讨会、"改革开放与中国扶贫国际论坛"、"中国—东盟社会发展与减贫论坛"，以及举办国际减贫培训班等等。有国外学者对此评价道："中国全面实现脱贫攻坚目标有力推进了国际减贫进程，中国特色反贫困理论为世界减贫事业贡献了中国方案，中国积极开展国际减贫合作，为推动构建人类命运共同体作出重要贡献。"①

中国曾经是世界上贫困人口最多的国家之一。在中国共产党的坚强领导下，通过数十年的努力，我们成功走出了一条中国特色减贫道路，在拥有 14 亿多人口的国度里彻底解决了绝对贫困问题，书写了人类历史上"最成功的脱贫故事"。在当今经济全球化遭遇逆流、贫富分化不断加剧的背景下，贫穷、疾病、饥饿不断侵蚀着人们追求美好生活的希望和信心，全球贫困问题的艰巨性和复杂性愈加凸显，迫切需要世界各国紧密协作，为实现《联合国 2030 年可持续发展议程》的减贫目标共同打赢一场全球脱贫攻坚战。中国不仅用自身独特的减贫理念和持之以恒的减贫实践积极推进本国的减贫进程，而且积极同世界上其他国家分享贫困治理经验，不断向世界贡献中国减贫智慧和方案，也充分体现了中国的大国胸襟、人类情怀和责任担当。中国共产党人坚定秉承共商共建共享的原则，携手世界各国一步一个脚印地朝着全球减贫目标不断扎实推进，为建设一个消除贫穷、疾病和饥饿的世界，一个和平、合作与和谐的人类命运共同体而不懈努力。

---

① 《为推动构建人类命运共同体贡献中国力量——习近平主席在全国脱贫攻坚总结表彰大会上重要讲话引发国际社会热烈反响》，载《人民日报》，2021 年 2 月 27 日，第 3 版。

# 参考文献

## 一、中文图书

[1]中共中央马克思恩格斯列宁斯大林著作编译局.马克思恩格斯选集:第1卷[M].北京:人民出版社,2012.

[2]中共中央马克思恩格斯列宁斯大林著作编译局.马克思恩格斯选集:第2卷[M].北京:人民出版社,2012.

[3]中共中央马克思恩格斯列宁斯大林著作编译局.马克思恩格斯选集:第3卷[M].北京:人民出版社,2012.

[4]中共中央马克思恩格斯列宁斯大林著作编译局.马克思恩格斯选集:第4卷[M].北京:人民出版社,2012.

[5]毛泽东.毛泽东选集:第1卷[M].北京:人民出版社,1991.

[6]毛泽东.毛泽东选集:第2卷[M].北京:人民出版社,1991.

[7]毛泽东.毛泽东选集:第3卷[M].北京:人民出版社,1991.

[8]毛泽东.毛泽东选集:第4卷[M].北京:人民出版社,1991.

[9]中共中央文献研究室.毛泽东文集:第6卷[M].北京:人民出版社,1999.

[10]中共中央文献研究室.毛泽东文集:第8卷[M].北京:人民出版社,1999.

[11]邓小平.邓小平文选:第1卷[M].北京:人民出版社,1994.

[12]邓小平.邓小平文选:第2卷[M].北京:人民出版社,1994.

[13]邓小平.邓小平文选:第3卷[M].北京:人民出版社,1993.

[14]江泽民.江泽民论有中国特色社会主义:专题摘编[M].北京:中央文献出版社,2002.

[15]江泽民.江泽民文选:第3卷[M].北京:人民出版社,2006.

[16]习近平.习近平谈治国理政:第1卷[M].北京:外文出版社,2018.

[17]习近平.习近平谈治国理政:第2卷[M].北京:外文出版社,2017.

[18]习近平.习近平谈治国理政:第3卷[M].北京:外文出版社,2020.

[19]习近平.习近平谈治国理政:第4卷[M].北京:外文出版社,2022.

[20]中共中央党史和文献研究院.习近平扶贫论述摘编[M].北京:中央文献出版社,2018.

[21]习近平.在打好精准脱贫攻坚战座谈会上的讲话[M].北京:人民出版社,2020.

[22]习近平.在决战决胜脱贫攻坚座谈会上的讲话[M].北京:人民出版社,2020.

[23]习近平.在庆祝中国共产党成立100周年大会上的讲话[M].北京:人民出版社,2021.

[24]习近平.在全国脱贫攻坚总结表彰大会上的讲话[M].北京:人民出版社,2021.

[25]中共中央文献研究室.十八大以来重要文献选编:上[M].北京:中央文献出版社,2014.

[26]中共中央文献研究室.十八大以来重要文献选编:中[M].北京:中央文献出版社,2016.

[27]中共中央党史和文献研究院.十八大以来重要文献选编:下[M].北京:中央文献出版社,2018.

[28]中共中央党史和文献研究院.十九大以来重要文献选编:上[M].北京:中央文献出版社,2019.

[29]中共中央党史和文献研究院.十九大以来重要文献选编:中[M].北京:中央文献出版社,2021.

[30]班纳吉,迪弗洛.贫穷的本质:我们为什么摆脱不了贫穷[M].修订版.景芳,译.北京:中信出版社,2018.

[31]本书编委会.中国共产党领导脱贫攻坚的经验与启示[M].北京:当代世界出版社,2020.

[32]蔡昉.中国经济发展的世界意义[M].北京:中国社会科学出版社,2019.

[33]国家乡村振兴局综合司.图说中国特色减贫道路[M].北京:人民出版社,2021.

[34]国务院扶贫开发领导小组办公室.中国农村扶贫开发概要[M].北京:中国财政经济出版社,2003.

[35]库恩,汪三贵.脱贫之道:中国共产党的治理密码[M].重庆:重庆出版社,2020.

[36]缪尔达尔.亚洲的戏剧:南亚国家贫困问题研究[M].方福前,译.北京:首都经济贸易大学出版社,2001.

[37]皮凯蒂.21世纪资本论[M].巴曙松,译.北京:中信出版社,2014.

[38]森.贫困与饥荒[M].王宇,王文玉,译.北京:商务印书馆,2008.

[39]斯密.国民财富的性质和原因的研究[M].郭大力,王亚南,译.北京:商务印书馆,1972.

[40]汪三贵.当代中国扶贫[M].北京:中国人民大学出版社,2019.

[41]魏后凯,王镭.中国减贫:成就、经验和国际合作[M].北京:社会科学文献出版社,2021.

[42]闫坤,刘轶芳.中国特色的反贫困理论与实践研究[M].北京:中国社会科学出版社,2016.

[43]杨颖.中国农村反贫困研究:基于非均衡发展条件下的能力贫困[M].北京:光明日报出版社,2011.

[44]张国,林善浪.中国发展问题报告[M].北京:中国社会科学出版社,2001.

[45]中国社会科学院全球战略智库,国家开发银行研究院.国际减贫合作:构建人类命运共同体[M].北京:社会科学文献出版社,2019.

[46]中华人民共和国国务院新闻办公室.人类减贫的中国实践白皮书[M].北京:人民出版社,2021.

[47]朱信凯,彭超.中国反贫困:人类历史的伟大壮举[M].北京:中国人民大学出版社,2018.

## 二、中文期刊

[1]习近平.在解决"两不愁三保障"突出问题座谈会上的讲话[J].求是,2019(16).

[2]范从来.益贫式增长与中国共同富裕道路的探索[J].经济研究,2017,52(12):14-16.

[3]黄承伟.党的领导在脱贫攻坚中的作用及体现[J].中国领导科学,2021(3):72-77.

[4]黄承伟.习近平扶贫重要论述与中国特色减贫道路的世界意义[J].当代世界,2021(6):5-10.

[5]黄承伟.中国特色减贫道路论纲[J].求索,2020(4):91-98.

[6]黄承伟.中国新时代脱贫攻坚的历史意义与世界贡献[J].南京农业大学学报(社会科学版),2020,20(4):2-10.

[7]黄巨臣.农村地区教育扶贫政策探究:创新、局限及对策——基于三大专项招生计划的分析[J].贵州社会科学,2017(4):91-97.

[8]黄渊基.贫困与反贫困的理论变迁和实践经验[J].云梦学刊,2017,38(6):45-56.

[9]郝蕾,王志章."一带一路"背景下中国与南亚合作反贫困的现状评价与路径优化[J].青海社会科学,2019(1):30-37.

[10]侯波.中国扶贫减贫事业70年:历史回顾、基本经验和世界意义[J].经济研究参考,2019(9):5-13.

[11]雷望红,张丹丹.区域性贫困治理的道路选择:国家、农民与市场关系的视角[J].山西农业大学学报(社会科学版),2018,17(5):2-8.

[12]齐玉.积极促进国际减贫合作,推动构建人类命运共同体[J].求是,2020(14).

[13]邱慧.脱贫攻坚:世界减贫的中国样本[J].中国报道,2021(10):40-43.

[14]萨克斯.中国减贫与可持续发展为世界树立典范[J].中国报道,2019(7):50-51.

[15]孙德超,周媛媛,胡灿美.70年"中国式减贫"的基本经验、面临挑战及前景展望:基于主体-内容-方式的三维视角[J].社会科学,2019(9):31-42.

[16]王鹏.中国减贫经验的国际比较与启示[J].红旗文稿,2019(4):24-26.

[17]汪三贵.中国40年大规模减贫:推动力量与制度基础[J].中国人民大学学报,2018,32(6):1-11.

[18]王毅.全球治理的困境与中国作用[J].时事报告,2014(10):30-31.

[19]王永祥,华霄珂.中国特色减贫道路的传统文化意蕴[J].西藏发展论坛,2020(6):67-71.

[20]吴志成,王慧婷.全球治理能力建设的中国实践[J].世界经济与政治,2019(7):4-23+154-155.

[21]吴宗敏,吴宇.全球贫困治理的深化与中国的实践创新[J].江苏大学学报(社会科学版),2019,21(1):19-27.

[22]夏春萍,雷欣悦,王翠翠.我国农村多维贫困的空间分布特征及影响因素分析:基于31省的多维贫困测度[J].中国农业大学学报,2019,24(8):229-238.

[23]向德平,梅莹莹.绿色减贫的中国经验:政策演进与实践模式[J].南京农业大学学报(社会科学版),2021,21(6):43-53.

［24］谢君君.教育扶贫研究述评［J］.复旦教育论坛,2012,10(3):66-71.

［25］徐皓萌.中国特色减贫道路为发展中国家减贫提供启示和借鉴［J］.西部学刊,2022
(16):9-13.

［26］燕继荣.反贫困与国家治理:中国"脱贫攻坚"的创新意义［J］.管理世界,2020,36
(4):209-220.

［27］袁利平,姜嘉伟.教育扶贫何以可能:基于教育扶贫机制整体性框架的再思考［J］.
教育与经济,2021,37(1):3-10.

［28］张琦.全球减贫历史、现状及其挑战［J］.人民论坛,2021(11):14-18.

［29］张琦,孔梅.理解中国减贫的世界意义讲好中国减贫经验和故事［J］.对外传播,2020
(5):44-46.

［30］张新平,成向东.新时代"中国减贫方案"的世界意义［J］.甘肃社会科学,2020(6):
71-78.

［31］张占斌.中国减贫的历史性成就及其世界影响［J］.马克思主义研究,2020(12):5-
14+163.

［32］郑雪平."一带一路"高质量建设驱动合作国家减贫研究［J］.社会科学,2021(9):
50-61.

［33］周华.益贫式增长的定义、度量与策略研究:文献回顾［J］.管理世界,2008(4):
160-166.

［34］周文.减贫实践的中国样本与中国经验［J］.红旗文稿,2020(3):33-34.

## 三、外文图书

［1］DESMOND M. Evicted:poverty and profit in the American city［M］. New York:Crown
Publishers,2016.

［2］POWELL A. Looking to China for lessons on helping the poor［M］. Cambridge, MA:
Harvard Gazette,2019.

［3］RANK M R. One nation, underprivileged:why American poverty affects us all［M］. New
York:Oxford University Press,2004.

## 四、外文期刊

［1］CHENG Z, SMYTH R. Why give it away when you need it yourself? understanding public support for foreign aid in China[J]. The journal of development studies, 2015, 52(1): 53-71.

[2]HUANG C W, YUAN Q, Building a moderately prosperous society in all respects-poverty reduction: Xi Jinping's Statements and Chinese path[J]. China economist, 2020,15(1): 2-23.

[3]WESTMORE B. Do government transfers reduce poverty in China? micro evidence from five regions[J]. China economic review, 2018,51:59-69.

**五、报纸及电子资源**

[1]习近平.坚决克服新冠肺炎疫情影响 坚决夺取脱贫攻坚战全面胜利[N].人民日报, 2020-03-07(1).

[2]习近平.脱贫攻坚战冲锋号已经吹响 全党全国咬定目标苦干实干[N].人民日报, 2015-11-29(1).

[3]习近平.携手消除贫困促进共同发展:在2015减贫与发展高层论坛的主旨演讲[N]. 人民日报,2015-10-17(2).

[4]俞懿春,万宇,孙广勇,等.为推动构建人类命运共同体贡献中国力量:习近平主席在 全国脱贫攻坚总结表彰大会上重要讲话引发国际社会热烈反响[N].人民日报, 2021-02-27(3).

[5]方晓丹.从居民收支看全面建成小康社会成就[N].人民日报,2020-07-27(10).

[6]盖茨.中国为解决全球发展不平等带来曙光[N].人民日报,2019-10-01(10).

[7]韩晓明,邵玉姿.中国减贫成就具有重大的世界意义[N].人民日报,2020-10-13 (3).

[8]韩振峰.坚持和运用好脱贫攻坚的方法论[N].光明日报,2020-05-14(6).

[9]李焕宇.非洲学者:中国脱贫鼓舞了我们,贫困非天命[EB/OL].(2020-12-29) [2024-07-26]. https://www.guancha.cn/internation/2020_12_29_576116.shtml.

[10]孟庆涛.中国特色扶贫开发道路促进人权事业发展[N].人民日报,2016-10-18 (16).

[11]王进.为全球减贫贡献伟力的中国实践[N].光明日报,2020-10-11(8).

[12]王莉.为国际人权事业发展贡献力量[N].人民日报,2022-07-11(3).

[13]肖新新.合力建设远离贫困、共同发展的美好世界[N].人民日报,2022-04-06(3).

[14]张梦旭,任彦,吴乐珺,等.中国减贫之路"优质高效":国际人士积极评价中国脱贫攻坚成就[N].人民日报,2018-02-01(3).

[15]中华人民共和国国务院新闻办公室.中国的减贫行动与人权进步[N].人民日报(海外版),2016-10-18(5).

# 后记

　　《中国特色减贫道路的世界意义研究》一书是在我主持的北京市习近平新时代中国特色社会主义思想研究中心课题结项报告基础上修改而成的。课题研究的三年恰好是在疫情期间，课题组成员对于来自诸多方面的挑战展现出了非凡的坚韧与毅力。他们凭借着对学术的执着追求，坚持不懈地推进课题研究工作。在此过程中，每一位课题组成员都付出了辛勤的汗水与不懈的努力。如今，这部著作得以出版，不仅是对我们研究成果的肯定，更是对大家共同努力与坚持的最好证明。

　　在我拟定的写作框架基础上，课题组成员共同完成了书稿撰写工作。各章节分工如下：第一章，邱蝶、许峰；第二章，曹媛媛；第三章，王桂芝；第四章第一节、第二节，岳从欣、许峰；第四章第三节、第四节，周雪梅；第五章，许峰。全书的统稿工作由我完成。

　　书稿付印之际，要对当代世界出版社社长助理兼一编辑部主任刘娟娟以及审稿的各位专家表达诚挚谢意，他们的专业指导、严谨态度和宝贵建议，让书稿更加完善。对任俊杰、田佩玉、张静、曹金云、刘存旭等同学在本书撰写与修改过程中付出的劳动一并表示感谢。在写作过程中，我们还吸收和借鉴了许多学者的研究成果，在此向他们表示衷心的感谢。

　　由于本人学识、能力有限，书中难免存在疏漏和不足，恳请各位同仁和读者批评指正。


许峰

2024 年 12 月